選択と誘導の認知科学

日本認知科学会 ‖監修‖ 「認知科学のススメ」シリーズ

10

Invitation to Cognitive Science

山田 歩 著　内村直之 ファシリテータ
植田一博 アドバイザ

新曜社

「認知科学のススメ」シリーズの刊行にあたって

　人間や動物は，どのように外界の情報を処理し，適切に反応しているのでしょうか？　認知科学は，このような関心から，動物も含めた人間の知能や，人工知能システムなどの知的システムの性質や処理メカニズムを理解しようとする学問です。人間や動物のさまざまな現象にかかわるため，認知科学は，心理学，進化学，情報科学（とくに人工知能），ロボティクス，言語学，文化人類学，神経科学・脳科学，身体運動科学，哲学などの幅広い分野の研究者が集まって作られました。そのため認知科学は，これらの諸分野を横断する学際的な学問分野となっています。

　認知科学はこのように幅広い領域にわたるため，数学，物理，歴史などの伝統的な分野と比べて，体系化することは容易ではありません。そのためもあってか，私たち自身について知るための基本的な学問であるにもかかわらず，これまで中学校や高校の教育の中で教えられることはありませんでした。しかし学問の存在を知らなければ，その道へ進もうと志す人もなかなか現れません。このことは，社会にとって残念なことです。

　そこで，これから大学で本格的に学問に取り組む若い方々やこの分野に関心をもつ一般の社会人の方々に，この分野でどのようなことが研究されており，どのような面白い成果が得られているのかを知っていただくために，日本認知科学会は「認知科学のススメ」シリーズを刊行することにいたしました。

　国内のほとんどの学術書は，研究者自身がテーマに沿って研究を紹介するという執筆形式をとっています。一部の書籍，とくにアメリカの書籍では，研究者の代わりにサイエンスライターが執筆しているも

のもありますが，まだ数は少ないと言えます．本シリーズでは，研究者とサイエンスライターが協同して書くという，これまでにない執筆スタイルをとっていることが，大きな特徴の1つです．全10巻の刊行が予定されており，いずれの巻においても，サイエンスライターは高度な内容を誤りなく，かつわかりやすく読者に伝えるよう，ファシリテート（facilitate）する役目を担っています．そこで本シリーズでは，サイエンスライターを「ファシリテータ」と呼んでいます．全巻にわたるこの役を，書籍のみならず，新聞や雑誌等で科学に関する記事をこれまで多く執筆されてきた内村直之氏に，お引き受けいただきました．

本シリーズは，別掲のシリーズ構成をご覧いただくとおわかりのように，内容のうえでも，新しい執筆スタイルに負けない斬新で興味深いタイトルを揃えていると自負しています．これらの本を手に取った高校生や大学生のみなさんの中から，認知科学という学問分野を目指す方が現れることを期待してやみません．それと同時に，これまで認知科学という学問分野に馴染みのなかった多くの社会人の方が，認知科学に興味をもってくださることを切に願っています．

2015年9月10日

編集委員
植田一博
今井むつみ
川合伸幸
嶋田総太郎
橋田浩一

全10巻シリーズ構成

既刊

第1巻 『はじめての認知科学』
　　　内村直之・植田一博・今井むつみ
　　　川合伸幸・嶋田総太郎・橋田浩一（著）

第2巻 『コワイの認知科学』
　　　川合伸幸（著）・内村直之（ファシリテータ）

第4巻 『ことばの育ちの認知科学』
　　　針生悦子（著）・内村直之（ファシリテータ）

第5巻 『表現する認知科学』
　　　渡邊淳司（著）・内村直之（ファシリテータ）

第6巻 『感じる認知科学』
　　　横澤一彦（著）・内村直之（ファシリテータ）

第8巻 『インタラクションの認知科学』
　　　今井倫太（著）・内村直之（ファシリテータ）

第9巻 『オノマトペの認知科学』
　　　秋田喜美（著）・内村直之（ファシリテータ）

第10巻 『選択と誘導の認知科学』
　　　山田 歩（著）・内村直之（ファシリテータ）

刊行予定

第3巻 『サービスとビッグデータの認知科学』（仮題）
　　　橋田浩一（著）・内村直之（ファシリテータ）

第7巻 『おもてなしの認知科学』（仮題）
　　　熊田孝恒・互 恵子（著）・内村直之（ファシリテータ）

まえがき

　ファストフード店で30分くらい過ごし，お店を出たとします。特にその後に予定はありません。なぜ15分でもなく，45分でもなく，30分でお店を出たのでしょう。

　日本では，ガンで命を失うのは避けたいと考えつつ，ガン検診に行かない人がたくさんいます。「行く」と「行かない」の選択肢があるなかで，なぜ「行かない」を選ぶのでしょう。

　ある消費者調査では，買い物客にいくつかのストッキングから一番品質が良いと思うものを選んでもらいました。ストッキングを選んだ理由をたずねたところ，「伸縮性がいいから」といった品質に注目した理由が数多くあがりました。しかし，実はこの調査で使用されたストッキングはすべて同じものでした。わざわざ嘘をつくような状況でもありません。なぜ買い物客はストッキングを選んだ理由を正確に説明できなかったのでしょう。

　私たちは常に何かを選びながら生活しています。そして，多くの場合，自分の意思で「選ぶ」という行為をしているように見えます。しかしながら，よくよく振り返ってみると，なぜ自分はそんなことをしたのかと疑問に思ったり，なぜあの人はそうしなかったのかと不思議に思ったり，自分や他者の選択に「なぜ？」となることは少なくないのではないでしょうか。

　本書では，この選択の「なぜ？」に認知科学や認知社会心理学を中心とした情報処理的な観点から迫っていきます。選択は一連の情報処理過程として捉えることができます。情報を受け取り，なんらかの処

理がなされ，選択が出力される，と考えるのです。そして，この情報処理過程はある種の「癖」を持っています。この癖が，さまざまな場面で，私たちの選択を方向づけます。ファストフード店を30分で出るのも，がん検診に行かないのも，ストッキングを選んだ理由を正確に説明できなかったのも，この癖が深く関わっていると考えられます。

　情報処理の癖，そして，その結果として行動にあらわれる選択の癖を知ることで，選択の「なぜ？」の正体が見えてくるはずです。選択の背景にあるメカニズムを理解することは，無数の選択から成り立っている毎日の生活を見直すのにきっと役立つでしょう。さらに，こうした癖を利用し，自分の選択，また，他人の選択を誘導することもできるでしょう。

　本書は大きく2つのパートに分かれます。前半（1〜4章）では，「選択に働きかける」をテーマに，人びとの選択に対して，生活のなかでどのような働きかけがおこなわれているのか，また，どのような働きかけをおこなったらよいのかという問題について見ていきます。選択を支える情報処理過程の癖が，こうした働きかけの成否にどのように関わっているのかという問題を中心に探っていきます。

　後半（5〜7章）では，「選択を説明する」をテーマに，選択をする本人が，自分の選択をどのように認識しているのかという問題を見ていきます。人間の情報処理は必ずしも本人の意識的なコントロールのもとおこなわれるとは限りません。私たちが自分の選択について頭の中で理解していることは現実とギャップを起こす可能性があります。選択をめぐる認識と現実のズレを探っていきます。

　本書をどのように活かすのか，それは皆さんの「選択」です。短い本ですが，どうぞお付き合いください。

目次

まえがき v

1章 物理的環境と選択の関係を考える
──選択に働きかける1　1

街中の看板と貼り紙によるメッセージ　1
ファストフード店での滞在時間を決めるもの　3
電車のシートへの座り方　5
公園のベンチは誰が使うのか　7
街中の花壇の役目　9
なぜ看板や貼り紙がうまくいかないのか　10
　Box　心理的リアクタンス　13
なぜ物理的環境がうまくいくのか　13
看板・貼り紙 vs. 物理的環境　15
まとめ──認知的環境と選択　16
　Box　対応バイアス　18

2章 デフォルトの効果──選択に働きかける2　19

「選択」に働きかける　19
デフォルト①　「質問」での✔の有無は何を生むか　21
「オプトイン」と「オプトアウト」　23
デフォルト②　受診手続きと受診率　24
デフォルト③　自動車保険を選ぶ　27
デフォルト④　エネルギーを選ぶ　29
デフォルト⑤　臓器を提供するかしないか　30

デフォルト⑥　お金を運用する　32
なぜデフォルトの選択肢は選択されやすいのか　33
不幸になりたい人などいない　34
「選択アーキテクチャ」という考え方　35
原因と対処　38
自動システムと熟慮システム　40
興味や関心を刺激する働きかけと比較する　42
ミシュランのグルメガイドブックの起源は？　42
フォルクスワーゲンの「ファン・セオリー」　43
興味や関心を刺激する働きかけとの違い　44
まとめ　47

3章　選択肢を分割する効果——選択に働きかける3　48

オバマ政権は支持されていたか　48
分割の効果①　自動車が動かない原因を考える　51
分割の効果②　デート相手を選ぶ　54
分割の効果③　ホテルを選ぶ　57
分割の効果④　ワインを選ぶ　62
分割の効果⑤　防衛政策を判断する　65
選択肢の操作で世論は変わるか　70
まとめ　72

4章　よい働きかけとはどういうものか——選択に働きかける4　74

選択アーキテクチャにはさまざまな問題がある　74
「する」と「しない」は同じか　77
「する」が満足に与える効果　77

「する」と「しない」から行為者の意図を読み取る　79
「する」は心理的な関与を高める　81
デフォルトは規範を変える　84
選択と自律　90
一般人の反応　93
まとめ　98

5章 「理由」は選択を正しくあらわしているか
──選択を説明する1　100

選択とそのための理由　100
経路実験──どうやって「経路」を選ぶか　102
ストッキング実験──置く位置か品質か　107
「理由」はあてにならない　108
条件づけ──良いものと一緒にされると好きになる　109
単純接触効果──見るほどに好きになる　112
サブリミナル効果──見えない刺激の力　113
働きかけに抵抗する人もいる　116
洗剤実験──選択の根拠は効能か反復か　120
まとめ　124

6章 「差別していない」は本音か言い訳か
──選択を説明する2　126

「オートコンプリートの真実」　126
「母親　無職」と「父親　無職」に続くのは？　128
性別役割分担意識　130
ドクター・スミス課題　132
性別役割分担意識とステレオタイプ　133
職業と性差別　136

客観性の幻想　140
差別と曖昧さ　142
まとめ　144

無理に理由を考えるとどうなるか
──選択を説明する3　145

絵画実験──「2つの絵画について答えてください」　145
好かれも嫌われもする作品　147
好悪の理由を分析するのは難しい　148
難しくても，無理に理由を分析すると何が起こるか　149
「不自然な理由」が作り出される　152
目隠しテストで芸能人を格付けチェック　154
テイスティング方法と評価の関係は？　155
「ペプシ・パラドクス」現象　157
「ペプシ・パラドクス」を考え直す　157
ペプシ・コーラとコカ・コーラの味の「違い」とは　159
「ペプシ・パラドクス実験」もう一度　159
「ペプシ・パラドクス実験」のまとめ　162
まとめ──「もっともらしい理由」を作って決める判断とは　163

あとがき　166

文献一覧　169
索引　175

装幀＝荒川伸生
イラスト＝大橋慶子

物理的環境と選択の関係を考える
——選択に働きかける 1

　貼り紙などで「マナーを守ってください」と働きかけても，その通りにしない人。そうした貼り紙がなくても，マナーを守っている人。「マナーを守るか，守らないか」といった行為の選択は一見，行為者が自らの意思で決めているように見えますが，実際には本人を取り巻く環境から本人にはわからない隠れた影響を受けています。この章では，人びとに働きかけて特定の方向に行動を導いていくためには，看板や貼り紙といった言葉を使うメッセージは意外に限界があること，そして言葉を使わない「物理的な環境」（たとえば硬い椅子など）を使うほうがむしろ狙った行動を引き出すことができることを紹介し，次章以降の「認知的な環境」と「選択」の関係を考える議論への準備をしていきます。

街中の看板と貼り紙によるメッセージ

　街中を歩いていると，たくさんの看板や貼り紙が目に入ってきます。「ポイ捨て禁止」，「駐輪禁止」，「長時間の席のご利用はお控えください」，「車内マナーにご協力お願いします」，「がん検診を受けましょう」，「税金を正しく納めましょう」……さまざまなメッセージが，街にはあふれています。

　これらのメッセージを受け取った人は，どう反応するでしょうか。「ポイ捨てをするか，しないか」，「迷惑駐輪するか，しないか」，「検診を受けるか，受けないか」といった選択の分かれ道に立たされることになります。もちろんこれらの貼り紙を読みもせずに，はなから無

視することも自由ですし，メッセージを一旦読んでそれについて考えてみて，そのメッセージに従う，従わないといった選択をするのもその人の自由です。

　看板や貼り紙を設置した人は，これらのメッセージを通して，受け手にある方向への影響を与えようと働きかけているといえます。そういう人たちは，商品の宣伝のように，自分たちの組織の利益のためになんらかの要求をしていることもありますが，マナーや健康，福祉についての貼り紙などのように，社会全体の利益や，受け手の利益のために，そうしたメッセージを発信していることも少なくありません。

　こうしたメッセージは人びとの生活をよくすることに役立っているのでしょうか。現実の状況を見ると，残念ながらこうしたメッセージによる働きかけの多くはうまくいっていないようにも見えます。

　駅前の「駐輪禁止」の看板の前には大量の自転車が並んでいます。「長時間の席の確保はおやめください」と掲示があるファストフード店には何時間も同じ席を陣取っておしゃべりや仕事を続けるお客さんであふれています。いろいろな場所でがん検診の告知ポスターが貼られていますが，日本でのがん検診の検診率は驚くべき低さです。なぜ，そうなるのでしょうか。

　結局のところ，人にはメッセージに従うかどうかの自由があり，自転車をどこに止めるか，ファストフード店で長居するか，がん検診を受けるか，自分で選ぶことができるので，よほど心に響くメッセージでないかぎり，そのメッセージの与え手が意図している方向に行動を変えることは難しいのかもしれません。「長時間の席の確保はおやめください」と言われても，他に行く場所を探す手間はかけたくないと考え，店に留まるのは自由です。「駐輪禁止」と言われても他に止める場所がないからそこに止めてしまうしかないと考えるのも自由でしょう。「がん検診は大事だし，お金もかからないけど，友達から遊びに誘われているから今回は検診するのはよしておこう」，それもメッセージの受け手の自由です。

社会的に望ましいかどうかは別にして、私たちは、ファストフードに長居する自由があり、駐輪が禁止されたエリアに駐輪することを決められる。法律に反するけれど、税金を納めないことだって決めてしまえる……。ほかの人のことを考えると心が痛むかもしれないが、1人の意思決定者として、それくらいの自由は持っている。

　「そんなこと当たり前じゃないか……、普通自分の思うとおりにやるでしょ」と思われるでしょうか。

　この本では、生活のさまざまな場面で、人びとは自分で思っているほど、自分の意思に従って物事を決めることができていないことを1つのテーマとしてお話しします。迷惑になる場所に駐輪するかしないか、ファストフードでゆっくりするかすぐに帰るか、健康診断を受けるか受けないか、いずれも自分の意思で決めているように思われて、実は、自分の意識のあずかり知らぬところで、これらの判断や行動は「隠れた力」に方向づけられているのです。

　「隠れた力」といっても、何も怪しい魔術的な力のことではありません。マナーを守るか守らないかとか、自分の身体を気づかうか気づかわないかといったことを決める状況下では、その個人をとりまく一見なんでもない「環境」が選択をおこなう人びとの判断と決定を大きく変えているのです。

　「環境」と一言でいいましたが、大きく2種類、手で触わることのできる物理的な環境と、頭の中で作られる認知的な環境があります。本書は認知的な環境に大きな興味があるのですが、この章では、まずは物理的な環境を取り上げ、人間の選択行動と環境の関係について考えていきます。その先では、さらに興味深い認知的な環境についてじっくり考えます。

ファストフード店での滞在時間を決めるもの

　都内のファストフード店で撮った下の写真を見てください。「勉強・

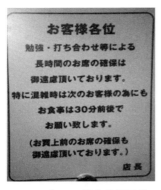

ファストフード店の掲示物
(筆者撮影)

打ち合わせ等による長時間のお席の確保は御遠慮頂いております」と書いてありますね。この店に入るといつも近くの大学や専門学校に通う学生がたくさん集まっていて、おしゃべりや勉強をしながら長い時間同じ席を占拠しています。もちろん、一部のお客さんに長時間席を確保されると、それだけ新しいお客さんが店内を利用できず、お店の売上にも響いてしまいます。お店側はこうした状況に対処して客の回転率を上げるべく、このような注意書きを掲示したのでしょう。

さて、この店で勉強しているときに、ふと顔を上げるとこの注意書きが目に入ったとしましょう。席についてからすでに1時間ほど経過しています。その人は勉強を切り上げて店から帰るでしょうか。

東浩紀と大澤真幸は著書『自由を考える』のなかで、ファストフードのマクドナルドが店内利用客の滞在時間を「ある方法」でこっそりとコントロールしているということについて述べています（文献 [1]）。つまり、「長時間にわたる席の確保を控えて欲しい」という店側の考えを、貼り紙などを用いてはっきりと伝えることをせずに、滞在時間が短くなるようにお客さんに働きかけているというのです。そんなことが可能なのでしょうか。皆さんがお店の担当者ならばどうしますか。

来店客の滞在時間を短くする方法の1つは「椅子を硬くする」です。椅子はさまざまなデザインのものがありますが、その座面や背もたれの硬さや形などによって、使用者が快適に座っていられる時間は変わってきます。体に負荷のかかりにくい椅子には長く座れるでしょうが、座り心地の悪い椅子にながながと座っているのは苦痛です。そうなると、椅子の硬さや形を変えれば、来店客が平均的にその店に滞

在する時間をコントロールできることになるでしょう。もちろん,この上なく座り心地が悪くても,座る人に特別に「ここに座り続けるぞ」という強い意思があれば,根性で何時間でも座っていることはできるでしょう（木の床の上での座禅などはそうでしょうね）。しかし,椅子のタイプと滞席時間に関する調査をしてみれば,このタイプの椅子だと平均的には30分くらいの滞席時間になるけれど,別のタイプの椅子なら45分くらいの滞席時間になるという統計的な傾向が出てくるはずですよね。

　平均滞席時間が30分くらいになる椅子が設置された店で勉強しているお客さんは,それくらいの時間がくれば,席を立ち,お店を後にすることになります。貼り紙で長時間の利用を控えるように来店者の良心や良識に働きかけていたときは,店を出るか出ないかの決定は,お客さんの良心と良識にゆだねられていましたが,ここでは椅子の硬さと形によってお客さんに身体的な疲労を作り出すことによって滞席時間をコントロールしていることになります。おそらく,ほとんどの利用者はそんなお店側の意図に影響されたと自覚することはないでしょう。自分の意思で,席を立ち,店から出ている,と感じるのではないでしょうか。

電車のシートへの座り方

　同じような例は他にもたくさんあります。電車の中でのマナーについて考えてみましょう。車内で行儀悪く振舞っている人たちをしばしば見かけます。席を詰めて座らなかったり,足を投げ出して座ったりしている人たちがいますよね。駅構内や車両のなかに「詰めてお座りください」や「マナーを守りましょう」といったポスターが貼られていることがありますが,そういうマナーの悪い乗客たちは,そんなポスターを見ても,なかなかそういった行動は止めてくれないようです。私も電車の中でマナーの悪い乗客を見かけたら,注意したいと思いま

すが,注意したら,いざこざになって,暴力をふるわれたといったニュースをたまに耳にしますので,うかつに注意することもできません。

しかし,鉄道会社もいろいろな工夫をしているようです。座面に凹凸をつけて,一人分ずつ座席が区切られているシートを見たことがあるでしょう。その区切りに従って座ると,ちょうど規定の人数が座ることができるようになっています。つまり,この区切りに従って座ればどんな人でも「行儀よく」詰めて座ることになるのです。ファストフードで使っている硬い椅子と同じで,物理的に人の行動を方向づけているといえます。この区切りに従って座るかどうかは乗客の自由ではありますが,わざわざ座席の区切り位置にまたがって心地悪く座る人はそうはいないでしょう。

車内での足の投げ出しに関する対策についても見てみましょう。2014年に日立製作所が開発した座席は,座面の奥行きが短く,足を投げ出しにくい構造になっています。この新型座席でも,無理に足を投げ出そうとすれば,投げ出すことはできます。しかし,この座席を導入した車両では,足の投げ出しに関する苦情が減ったそうです。足

足を投げ出しにくいシート(文献 [2] より)

を投げ出しにくいシートで、わざわざ足を投げ出す人はほとんどいないということでしょう。

どちらの例も、乗客が鉄道会社に座り方をコントロールされているのだと強く意識することなく行儀よく座ることを促すシートの設計になっているといえるのではないでしょうか。

駅係員にしろ、たまたま乗り合わせた乗客にしろ、行儀の悪い乗客に注意するのは勇気がいります。マナーを守っていない乗客にしても、他人から注意を受けるのはあまり心地よい気がしないのは確かです。相手に直接的に言葉で注意するよりも、「物理的な装置」に頼るこれらの方法の方が、よりスマートな解決方法といえるかもしれません。

公園のベンチは誰が使うのか

別の例をあげましょう。写真をご覧ください。東京の上野公園で見かけたベンチです。このベンチは何のために公園に設置されているのかわかりますか。大学生にこの質問をすると多くの場合、「公園の利用者にゆっくり休んでもらうため」といった回答が返ってきます。もちろん、間違いではありません。

手すりつきベンチ（著者撮影）

しかし，もう少し踏み込んで考えてみましょう。このベンチには3つの手すりがついていますね。この手すりは何のためについているのでしょうか。「足腰の弱い人をサポートするため」でしょうか。この回答も間違っていません。正解の1つです。しかし，この手すりは，足腰の弱い人を助ける以外の重要な役割も与えられています。

　仕事がらあちらこちらの大学に行きますが，手すりのついているベンチは見たことがありません。キャンパスの中に足腰の弱い人があまりいないから，大学がそうした配慮をしていないともいえます。一方で，不特定多数の人が利用する公園に設置された，比較的新しいと思われるベンチは非常に高い確率で手すりがついています。ここにヒントがあります。勘のいい読者はこのベンチに与えられた隠れた役割にそろそろ気がついたでしょうか。

　ごく稀にですが，恵比寿ガーデンプレースなど，手すりのないベンチを設置している公共空間もあります。昼下がりに，手すりなしベンチで休んでいる利用者を見ていると，手すりつきベンチが設置されている公園ではほとんど見かけることのないベンチの使い方をしている人がいることに気がつきます。

　「横になる」という行動です。手すりがないベンチでは，のびのびと横になることができますが，手すりがあると横になるのに邪魔になりますよね。つまり，写真にあるようなベンチは，横になることができない作りになっているのです。

　ホームレスの人たちが，手すりのないベンチを寝泊りの拠点にしている姿を以前よく見かけましたが，このタイプのベンチを導入したためでしょうか，そういう状況は最近あまり見かけなくなりました。ホームレスを排除する仕様になっているこのタイプのベンチは，「排除系ベンチ」と呼ばれています（文献［3］）。「公園内での寝泊りを禁止する」といった文言の注意書きを公園で見かけることがありますが，こうした注意書きのかわりに，ベンチの物理的形状を変えることによって，利用者のベンチの使い方に制限をかけ，一部の人びとを当該空間

から排除している,ということになります。

街中の花壇の役目

　もう1つの例は花壇です。写真をご覧ください。ある区役所の前に花壇を設置している様子です。この花壇は何のために設置されているのでしょうか。大学の授業で学生に質問すると,「街の景観をよくするため」だとか,「見る人の心を穏やかにするため」といった回答がたいてい返ってきます。もちろん,間違いではありません。しかし,こうした花壇の多くは,迷惑駐輪対策として導入されているというのがここでの正解です。そんなことを知っていましたか。

　インターネットで迷惑駐輪対策について検索してみると,あちこちで花壇の導入が検討されていることがわかります。迷惑駐輪されやすい場所に花壇を置いて,駐輪しにくいようにしているのです。もともとその場所に迷惑駐輪をしていた人は,駐輪する場所を変えなければならないわけですが,そういう人でももしかしたら,その花壇に対しては「きれいな花だな」という程度のことしか思わず,自分がそこに

区役所前の花壇（文献[4]より）

駐輪するという判断ができないよう，こうした対策を進めている人たちに方向づけられていることに気がつかないかもしれません。

なぜ看板や貼り紙がうまくいかないのか

　ファストフードの長時間利用者に向けた対策，電車でのマナー違反者に向けた対策，迷惑駐輪対策などが，思わぬ方法で実施されているのを見てきました。いずれも，周囲に迷惑をかける人たちに対して，その行動を止めてもらうことを狙った対策です。利用者に向けて「マナーを守ってほしい」といったメッセージを貼り紙などで伝えても，なかなか解決できない問題であったのに，椅子やベンチなどの物理的な環境を変えるだけで，利用者の振る舞いを改善させることに成功しました。

　なぜ看板や貼り紙は人びとの行動を変えることができなかったのでしょうか。また，どうして物理的な環境を工夫することで，看板や貼り紙で要求された内容に従わなかった人たちの行動を変えることができたのでしょうか。

　看板と貼り紙がどんなかたちで人びとの行動に影響を与えているか考えてみましょう。例外はありますが，ほとんどの看板と貼り紙は，「マナーを守ってほしい」といった文言のように，取って欲しい行動を言語的に受け手に伝えます。このように言語的に伝えた行動をメッセージの受け手に実行してもらうにはさまざまな労力を求めることになります。まず，メッセージを理解してもらわないといけません。次に，その行動をしようという気持ちになってもらう必要があります。さらに，実際にその行動を実行してもらわないといけません。この一連のステップが無事に完遂されるには，メッセージの受け手がそれなりに労力や時間をかける必要があります。

　看板や貼り紙のメッセージが受け取られ，理解され，実行されるまでの一連のプロセスを簡単に図式化すると，下の図のように，「感覚・

知覚」⇒「理解」⇒「判断」⇒「行動」となります。車内マナーの話を例にあてはめれば、まず、乗客は「マナーを守りましょう」と書かれた貼り紙を見ます（感覚・知覚）。そして、その内容を理解します（理解）。次に、詰めて座るかどうか、あるいは足を投げ出さないように座るかどうかを判断します（判断）。最後に、判断したことを実行しようとそれを行動に移します（行動）。

看板・貼り紙による働きかけに対する受け手の反応プロセス

こうしてみると、情報に接してから行動を実行するまでの各ステップにクリアすべき障壁があることがわかります。

どんな障壁がありえるでしょうか。

(1)「感覚・知覚」の段階では、当然その情報が知覚できるように情報が与えられる必要があります。周囲が暗かったり、字が小さすぎるなどして、知覚することが難しい場合、看板や貼り紙はなんの役割も果たしません。また、情報を受け取る側の事情を考えれば、忙しかったりして、見てもらえない場合にも意味がありません。

(2)「理解」の段階では、情報が多すぎたり、少なすぎたり、あるいは、その与えられ方が適切ではなかったりすると、読み手にメッセージを理解してもらうことができません。

(3)「判断」の段階では、受け取ったメッセージに従う必要があると判断するためには、その行動が望ましいかどうかや、その必要があるのか、メリットやデメリットについて検討することになるでしょう。要求されている内容が、自らの態度や価値観に合わなかったり、状況的にその内容に従うことが難しいのなら、要求されたことを聞き入れる必要はない、と判断することになります。あるいは、単純に時間が

なかったり,興味・関心がわかなかったりということで,実質的な判断も行われずに終わってしまうといった事態もあるでしょう。

(4)「行動」ではさまざまなことが要求されてきます。メッセージが与えられるのと,行動を実行するタイミングがズレていたら,まずメッセージの内容を思い出すなんらかのキッカケが必要です。たとえば,街中でがん検診のポスターを見て,その時は受診しようと思ったとしても,その後忘れてしまうといったことはよくあるでしょう。また,実行といっても,継続的に意識をはらう必要がある場合はどうでしょうか。椅子に行儀よく座るには,継続的に自分の姿勢をモニターし,適宜,それを調整するという,長時間の労力が必要となってきます。行儀よくしようと最初は意識していても,スマホで何か作業をしているうちに気がおろそかになったり,つい寝てしまったりすると,意識的で継続的なモニタリングと調整の作業を途中で放り出してしまうことになります。

このように,看板や貼り紙のように,メッセージを通して,その受

貼り紙は男から見えていないし、座席は足を投げ出しにくくするような工夫もなされていない。そんな場所では、マナーは守られにくい。

け手に，内容を理解させ，行動に移してもらうためには，さまざまな条件がクリアされる必要があります。こうした条件が満たされなければ，働きかけはうまくいかないのです。メッセージに同意してもらい，意識的にその行動をしようと考えてもらうことに成功しても，それをやりとげるための時間や労力が確保できなければ，その行動をとることはできません。つまり，意識と行動がズレてしまうことがある，ということが見えてきます。

> **Box　心理的リアクタンス**
>
> 命令されたり，禁止されたりすると，人びとはそれとは反対の行動をとりたくなる傾向をもっています。「天邪鬼（あまのじゃく）」ですね。皆さんも，勉強しようとしているところに，教師や親から勉強しなさいと言われたら，いい気持ちがしないのではないでしょうか。社会心理学では，こうした心理的な反発を心理的リアクタンス（psychological reactance）と呼びます（文献 [5]）。看板や貼り紙での働きかけは，うまく呼びかけなければ，メッセージの受け手に心理的リアクタンスを招き，看板や貼り紙の意図とは反対の効果を作り出してしまうかもしれません。

なぜ物理的環境がうまくいくのか

椅子などによって物理的に作られる環境が人びとの行動をどのように変えているか，考えてみましょう。普段，椅子に座るとき，特別な座り方が要求されない限り，座るということに対しなんらかの努力をしたり時間をかけたりする必要はほとんどありません。腰をかけたあと，身体的な心地よさに従って，ほとんど無意識のうちに，姿勢を調整していけばいいのです。その椅子が，なんらかの座り方を誘発するよう設計されていたら，その座り方を無自覚のうちにおこなうことに

なります。

　人間の身体には無理なく曲がる角度や，耐えることのできる負荷といった物理的な制約や限界があります。物理的な装置を使った働きかけは，こうした身体的な限界や制約をうまく活用して，特定の行動を誘導しているのです。車内マナーの話をすれば，シートの利用者は，単に身体的な快適さに従って姿勢を調整するだけで，自分の座り方を絶えずモニターし，行儀よく座れているかを意識的にチェックし，行儀のよい姿勢を保つ努力などしなくともマナーを守れてしまうのです。

　図式化すると，「感覚・知覚」⇒「行動」ということになるでしょう。貼り紙などから受け取るメッセージを理解して，自分がどうするか判断し，その行動を実行するための意識的な努力をおこなうといった，情報処理上のステップとコストがまるまるスキップされるのです。

物理的環境による働きかけに対する受け手の反応プロセス

　もちろん，行儀よく座ろうと意識しているときも，このような物理的な働きかけはうまく機能します。行儀よく座ろうと意識しているところに，身体的に行儀よく座ることが容易なシートがさらに与えられれば，行儀のよい姿勢が自然にとられ，その姿勢はいっそう持続されやすくなるでしょう。

　「行儀よく」ということについて，少し考えておきましょう。ここまで見てくると，行儀よく座っていられるかどうかは，本人の意識的な努力や判断だけによって決まってくるのではなく，むしろ，本人のおかれた環境が，行儀がよく見える座り方をどれくらい促しやすい性質を持っているかによって大きく左右されていることがわかってきます。電車の中で行儀悪くしている人たちは，自らの意思のもと，周囲

に迷惑をかけているのでしょうか。なんらかの悪意のもと、周囲に迷惑をかけようとしているというより、疲れていたり、注意が散漫になったり、単に個人的な快適さに従ったりして、結果的に周囲に迷惑をかけている可能性があります。行儀よく座ろうと意識していても、身体的にそうすることがつらいシートであれば、そうすることができない、ということがあるのではないでしょうか。マナーを守っている利用者も、マナーを守っていない利用者も、快適に座ろうとしている点では同じであっても、結果的に全くちがう振る舞いをしているという可能性はないでしょうか。

看板・貼り紙 vs. 物理的環境

「看板や貼り紙による働きかけ」と「物理的な環境による働きかけ」の違いを整理してみましょう。

看板・貼り紙は、当人に意識的に努力することを要求しました。良心や良識にうったえて意識的な努力を要求する働きかけは、仮に本人がそれを受け入れ、目標として定め、実行しようと試みようとしても、うまくいかないことがあります。それを完遂していく認知的な労力は想像する以上に負担になるのです。その意味で、意識的な努力を求める働きかけにはその効果に限界がありました。意識と行動にズレが生じるといってもかまいません。

これに対して、物理的な環境による働きかけは、当人に意識的な努力を要求しません。看板や貼り紙を用いた働きかけのときにあった意識的な努力をおこなう必要がほとんどない。その人自身の身体的な快適さに身をゆだねているだけで、社会的によしとされたり、個人的に望ましいと考えられていたりする行動がとれるというわけです。もうちょっと正確にいうと、社会的によいかどうかの意味づけは、第三者の目に映ったときに外側から与えられているだけであって、本人はそんなことは意識していません。そういう意味では、逆に、物理的な環

境に導かれて,本人が意識することなく,社会的によくなかったり,本来であれば個人的に望んでいない行動をとってしまったりしているという可能性もあります。

意識と行動は必ずしも緊密に結びついているわけではなく,状況によっては,それらを結び付けておくための負担がかかるということ,また,その負担を減らすことができれば意識と行動を一致させることができるといえるのではないでしょうか。

まとめ——認知的環境と選択

この章では,椅子やシートの作りを工夫し物理的な環境を操作することで,利用者の行動を一定の方向に導くことができるという話をしてきました。店内に滞在し続けるかどうか,車両でのマナーを守るかどうかは,単純に「座る」という身体動作としてあらわれることもあり,椅子などの物理的な装置によって,身体というもう1つの物理的な対象に作用を及ぼし,滞席行動を方向づけることができました。椅子を使用したときの快適性は椅子の物理的な作りに規定されるので,椅子の作りによって座る時間や座り方が影響を受けることに不思議はないでしょう。

では,身体動作とは関係ない場合も,同じような働きかけはできるでしょうか。「がん検診を受けましょう」や「再生可能エネルギーを使いましょう」といった呼びかけをおこなうとしましょう。がん検診を受けるか受けないかや再生可能エネルギーを契約するかしないかは身体的な動作と直接的には関連がないので,何か特別な名案でもない限り,物理的なかたちで,受診を促進したり再生可能エネルギーの契約を促したりする環境を作り出すのは難しいでしょう。

しかしながら,次の章から詳しく述べていくように,近年,行動経済学とよばれる分野を中心に,物理的・身体的な働きかけだけでなく,認知的な働きかけをすることによって,人びとの決定や判断を変える

ことができることが明らかにされつつあります。

　先取りして話をすると,人間の身体能力には制約や癖があり,特定の物理的な環境のもと,一定の傾向で反応する傾向がありますが,それと同じように,思考したり判断したりする人間の認知能力にも制約や癖があり,特定の認知的な環境のもとでは,一定の傾向で反応します。こうした人間の認知的な傾向を理解し,活用することで,ベンチで座り方が変わり,「行儀よく」なってしまったのと同じように,私たちの判断や決定は大きく変えられていくことになります。

　ファストフードや電車の例で,周囲に迷惑をかけている人は,本当は,そんなに周囲に迷惑をかけようとする悪意を持っていないのではないかという話をしました。健康診断を受けなかったり,バランスの悪い食事をしたりする人は,不健康になりたくてそうしているのでしょうか。税金を正しく納めていない人は,お金に執着し,法を犯すことを決意した悪人なのでしょうか。もちろん,そうした人も中にはいるでしょう。しかし,次の章で明らかになるように,予防をせずに健康を損ねたり,税金を払わないで逮捕されてしまったりするなど,日々の生活で愚かな選択をしているように見える人も,必ずしも,自らの強い意思でそのような行動を選んでいるわけではありません。

　人間は,全知全能の存在ではありません。疲れたり,失敗したり,混乱したり,よろよろと日々の生活を送っています。私たちは,そんな存在なのではないでしょうか。そんな私たちが,普段の生活で,どのように決定し,判断しているのか,今一度振り返ってみることは,自分自身の理解を深めることにつながるだけでなく,社会問題を効果的に解決する糸口を発見することにもつながっています。

Box　対応バイアス

　行儀が悪い人や、税金を払っていない人を見聞きすると、「どうしてそんなことをするのだろうか、その人の性格や態度になにか問題があるんじゃないか」と考えませんか。

　私たちは、なんらかの行動を見たときに、その行動の原因をその人物の性格などの内面のせいにしやすい傾向があります。行儀の悪い人を見かけたら、周りに迷惑をかけることをなんとも思わない性格の人なのではないかと考えるし、税金を納めていない人を見たら、強欲で、ずるがしこい人なのではないか考えてしまう。しかし、人の行動は、その人の内的な性格だけで決まるわけではなく、他の人の命令や指示のもとでおこなわれたり、その人に与えられた社会的役割によっても影響を受けたりしています。誰かの行動を見たときに、その原因をただちにその人の性格などのせいにして考えるのは短絡的で正確さに欠いているのです。社会心理学では、観察者が行動の原因を個人の内面に帰属させる傾向を対応バイアス（correspondence bias）と呼びます（文献 [6]）。

　対応バイアスがあると、特定の社会問題を理解したり、その対策を考えたりする際に、間違った方向に導く可能性があります。

　たとえば、車内ルールが守られないことが社会問題となったとしたときのことを考えましょう。この問題の根本の原因が人びとの良心や良識にあると考えれば、教育や啓発活動によって、人々の考え方を変えていくことになります。このような活動によって、粘り強く、人びとの態度や行動を変えていくこともたしかに重要ですが、一方で、このような問題が、コスト削減などで座席の形状が変更され足を投げ出しやすくなっていたといった外部環境によって引き起こされているのであれば、教育や啓発運動で、ひたすら人びとの内面に訴えて解決しようとするのは現実的な対応とはなりませんよね。

　社会問題とされる人びとの行動が、なんらかの物理的環境や認知的環境によって誘発されているかどうかを見極め、もしそういう要因があるなら環境を改善するほうが、より効果的な対処となり、スマートに問題を解決することになるといえるでしょう。

2章 デフォルトの効果——選択に働きかける2

デフォルトの効果
——選択に働きかける2

　多くの人は，不幸になるためではなく，快適に，あるいは幸福になるために，日々さまざまな選択をおこなうように努めています。それにもかかわらず，日常生活の中でおこなわれる選択はしばしば本人にとって最善とはいえない結果をもたらしています。そんなことで，消費や健康といった事柄について，問題を抱えている人は少なくないでしょう。日常生活でみられる選択や決定の失敗がどうして起こるのかについて，近年，人間がもともと備えている選択傾向と関連づけられて，その原因の解明が目指されています。この章では，「選択肢の初期設定」，いわゆるデフォルトの設定の仕方が，個人の意思決定，そして社会全体の動きを変える力を持っていることを紹介します。個人の意思決定のメカニズムに目を向けながら，よりよい決定や選択を支援するためにどんな選択環境を設計すべきかという問題について考えていきます。

「選択」に働きかける

　前の章では，街中には他者からの働きかけがあふれていて，私たちの振る舞いは知らない間にそうした働きかけから影響を受けている可能性があるという話をしました。ポスターや貼り紙で，「マナーを守ってください」だとか，「店内に長居しないでください」と働きかけてもその通りにしなかった人たちが，シートや椅子などで作りだされる特定の物理的環境におかれることで，席を詰めて座る，足を投げ出さない，また，長居をしない，といった行動をとるようになったのでした。これらは，姿勢などに関わる身体的な反応をうまく利用した物理

的な働きかけでした。

　この章では,「身体的反応に対する働きかけ」という話題から,選択や判断など人びとの「意思決定に対する働きかけ」に話題を広げていきます。物理的環境が身体的反応に影響を与えたのと同じように,「選択のさせ方」や「選択肢の見せ方」といった意思決定がおこなわれる環境における工夫は,人びとの選択と判断に強力な影響を与えます。

　「がん検診を受けるか,受けないか」「地球環境に優しい生活をするか,しないか」「臓器を必要としている人に自分の臓器を提供するか,しないか」……この章では,こうした意思決定が人びとの間でどのようにおこなわれているのかを見ていきます。いずれも,判断をおこなう当人の生き方や価値観が問われる大きな問題です。それにもかかわらず,こうした重要な問題に対して,がん検診にずっと行かないなど,人びとは本人から見ても浅はかともいえる判断や決定を繰り返している場合があります。

　これらの問題は,社会全体として解決することが望まれている課題でもあります。たとえば,乳がん検診では,受診率を向上させるために,ポスター,オンラインムービー,体験型イベントなどを用いた啓発キャンペーンが大々的に展開されるのを見かけます。心に刺さるキャッチコピーや映像表現などを用いて人びとの注目をひきつけ,興味や関心を高めることで,受診に向かわせているわけです。

　この章で焦点をあてるのは,そうした派手なキャンペーン的な働きかけではなく,もっと地味な働きかけです。ある形状の椅子やシートに座るときに自然にとりやすい座り方があるように,ある形式の「選択の仕方」や「選択肢の見せ方」の中で選択をするとき,ついついおこないやすい選択があります。これは,人が共通して持つ選択傾向,癖のようなものです。

　この癖を利用することで,椅子やシートが「マナーを守ろう」といった意識を高めることなく姿勢や着席時間に影響を与えていたのと同じ

ように、「健康でいよう」だとか「環境に配慮しよう」だとか「困っている人を助けよう」といった意識を高めることなく、それらにつながる決定や判断を引き出すのです。

　商品やサービスを選んでもらうとき、「選択肢の内容」をほとんど変えることなく「選択の仕方」に無数のバリエーションを作ることができます。たとえば、どんな順番で選択肢を見せるのか。いくつの選択肢を用意するのか。また、自発的な選択がなされないときにどの選択肢を受け入れたことになるのか。こういった無数の要素の設定が、その選択に固有の文脈、すなわち「選択の文脈」を作り出します。この選択の文脈のなかで意思決定が行われることで、人びとはその文脈が引き出しやすい選択傾向、癖に引き寄せられた判断と決定をしやすくなるのです。

　人びとの選択を方向づける選択の文脈にはさまざまなものがありますが、この章では、まずは、その代表例として、「デフォルト（default）」と呼ばれる選択肢の設定方法をとりあげます。デフォルトとは「意思決定者に初期設定として与えられる選択肢」というような意味ですが、これが作り出すいかにも瑣末に見える選択文脈の変化が、実にさまざまな意思決定場面に関わり、人びとの選択行動に決定的な影響を与えているのです。それでは詳しく見ていきましょう。

デフォルト①　「質問」での✔の有無は何を生むか

　オンラインショップで何か買ったとき、それ以後そのショップからの案内を受け取るか受け取らないかについて質問を受けたことはないでしょうか。たとえば、楽天や Yahoo! ショッピングなどのオンラインショップで買い物をすると、注文を確定する画面でこんな質問が出てきます。

　　✔ お店からのお得な情報を受け取る

この質問では最初から□欄に✔が入っています。「お店からのお得な情報」の配信を希望するなら何もしなくてかまいません。希望しないなら□欄から✔を外します。難しいことはありません。自分の希望にしたがって、✔をそのまま残すか外すか判断するだけです。
　次に、思考実験として、この✔に対する反応のさせ方を変えた質問を考えてみましょう。

　　□ お店からのお得な情報を受け取る

　この質問では□欄に✔は入っていません。配信を希望するなら□欄に✔を入れます。配信を希望しないなら何もしません。
　この2つの質問は、内容としてはどちらも同じ質問をしているのですが、回答の初期設定が逆になっています。ですので、回答者が「何も反応しない場合」の意味が逆になります。最初の✔ありバージョンのときに何もしなければ「希望する」という意味の反応になり、次の✔なしバージョンのときに何もしなければ「希望しない」という意味の反応になりますよね。
　とても些細な違いですが、この✔の有無は人びとの判断に大きな影響を与えます。たとえば、健康に関する知らせを受け取るかどうかについて以下の2つの質問を用意し、✔の有無の効果を調べた研究があります（文献[7]）。

　　☑ 健康に関するお知らせの配信を希望する

　　□ 健康に関するお知らせの配信を希望する

　質問内容は同じで、□欄の✔の有無だけが違います。実験参加者はどちらか一方の質問を受け取りました。その結果、✔ありバージョンを与えられた参加者では73%が配信を希望したのに対して、✔なし

バージョンを与えられた参加者では 48% しか配信を希望しませんでした。25 ポイントの違いです。

 この結果は，どちらの条件の参加者も半数以上が最初に与えられた現状の選択肢を変更しなかったことをあらわしています。つまり，もともと✔が入っていれば入ったままにし，もともと✔が外れていれば外れたままにする傾向があったのです。

 何も自発的な反応をしないときに与えられる選択肢をデフォルトと呼びます。この「健康に関するお知らせの配信を希望する」という質問文についていえば，✔ありバージョンでは「希望する」がデフォルトで，✔なしバージョンでは「希望しない」がデフォルトです。

 このデフォルトは意思決定にきわめて強力な影響を与えます。選択肢をいくつか用意するとき，いずれか 1 つをデフォルトに設定することができます。そうすると，選択肢の中身は同じでありながら，デフォルトが異なる選択肢セットが何パタンもできあがります。個々の選択肢の内容が重要なら，その内容で選ばれるはずですが，さまざまな研究から，内容よりもデフォルトであるかどうかのほうが，意思決定者の選択に影響することさえあることが明らかにされています。

「オプトイン」と「オプトアウト」

 ここで，話を進める前に言葉を紹介します。

 デフォルトではない選択肢を自発的に選び取ることを「オプトイン（opt-in）」すると言います。「□ 健康に関するお知らせの配信を希望する」という質問では，✔を入れることが，「オプトインする」ということになります。この選択条件では，お知らせを受け取るために意思決定者は自発的に✔を入れる必要があります。

 それに対して，デフォルトの選択肢を受け入れないことを「オプトアウト（opt-out）」すると言います。「☑ 健康に関するお知らせの配信を希望する」という質問では，✔を外すことが，「オプトアウトす

る」ということになります。この選択条件では意思決定者はお知らせを受け取るために何もする必要がありません。

つまり,「お知らせを受け取る」という同じ結果を発生させる場合でも,意思決定者に自発的な反応を要求するオプトイン型の選択条件と,自発的な反応を要求しないオプトアウト型の選択条件を設定するという2通りのことができるわけです。

これからの話でわかるように,このオプトインとオプトアウトという2つの選択条件の違いが,最終的に意思決定者が受け取る選択肢に大きな影響を与えることが確認されています。以下,さらに見ていきましょう。

デフォルト②　受診手続きと受診率

次の「健康診査のお知らせ」をご覧ください。これは私が東京に住んでいたときに受け取った健康診断の案内ハガキです。候補日として,1月27日,2月5日,2月10日,2月24日の4つがありますね。申し込み方法は電話による予約制と書いてあります。つまり,候補日の中から都合のよい好きな日を選んで,電話で予約して検診会場に行くわけですね。受診は無料です。さて,私はこの健康診断に行ったでしょうか。ここでは,健診などの受診手続きと受診率の関係について考えます。

予防接種の申込み方法が受診率に与える影響を調べた研究を紹介しましょう(文献 [8])。この研究では,まず,大学の職員を対象にインフルエンザの予防接種の案内をEメールで送りました。職員たちは予防接種の受診手続きの種類によって2つのグループに分けられました。半数の職員は,私が受け取ったハガキと同じようなもので,「いくつかの候補日の中から,都合の良い日を選び,申し込む」というものでした(オプトイン条件)。残りの職員は,「特定の1日をピンポイントで」割り当てられました(オプトアウト条件)。オプトアウト条件

2章 デフォルトの効果——選択に働きかける2

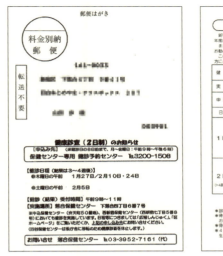

表　　　　　　　　　　　　裏
健康診査のお知らせ

の職員は，指定された日で問題なければ，自ら申し込む必要はなく，指定日に会場に行くと予防接種を受けることができます。もし都合が悪ければ，連絡をして他の日に変更できます。その結果，オプトイン条件では33％（239名中80名）が予防接種を受けたのに対して，オプトアウト条件では45％（239名中108名）が予防接種を受けました。12ポイントの差が出ました。

　人は自分の健康管理や病気の予防方法について，それぞれなんらかの考えを持っています。こうした考えに基づいて予防接種を受けるか受けないかを判断していたのなら，2つのグループの接種率は大きく変わらなかったはずです。どちらのグループも大学の職員という属性も同じで偏った集団ではないので予防接種を受けたいと考えている人は同じくらいいたはずだからです。しかし，結果には大きな差が出ました。この調査結果は，こうした個人の考えだけではなく，「受診手

続き」のような一見些細なことが最終的な受診に関する判断と行動に大きな影響を与えることを示しています。

この結果にはデフォルトの効果が大きく関わっていると考えられます。デフォルトの選択肢がなぜ選ばれやすいかについての説明の1つとして、デフォルトではない「他の選択肢に変更することがわずらわしい」ことが挙げられます。オプトイン条件の参加者は、デフォルトの指定日がないため、自分で接種日を決めて申し込まなくていけませんでした。その手続きが面倒で申し込まなかった人が一定数いたと考えられます。一方、オプトアウト条件の参加者は、自分で受診日を決めるわずらわしさはありません。指定日に会場に行けばいいだけです。もちろん、オプトアウト条件の参加者の中には、デフォルトの指定日はあまり都合のよくなかった人もいたことでしょう。しかし、そうだったとしても、わざわざ他の日に変更することのほうが面倒に感じられたかもしれません。その結果、わざわざ他の日に変更することなく指定日に会場に行くという判断をすることになったと考えられます。それで、2つのグループにこのような差が現れたというわけです。

日本のがん検診の受診率は非常に低く、解決すべき社会課題の1つとなっています。たとえば、乳がん検診の受診率（50〜69歳）と子宮頸がん検診の受診率（20〜69歳）は、OECD諸国では平均60%前後となっていますが、日本ではおよそ40%です（文献［9］）。しかし、だからといって、日本の女性のがん検診への関心は決して低くはありません。低いどころか、がん検診を重要だと考える人は100%に迫る数字になっています（文献［10］）。多くの人は、がんの病状が進行して致命的な状況になる前に、それを発見し、なんらかの手を打ちたいと頭では考えているはずなのです。それにもかかわらず、なんらかの理由で行動に移すことができていないのが現状なのです。

私が受け取ったハガキのような、いくつかの候補日から1つを選んで自分から申し込むタイプの案内方法は、なるべくたくさんの人に予防的な診断を受けてもらうという目的からみると、ベストではない、

ということになります。

どうすればよいのでしょうか。がん検診を広げるためさまざまな派手なキャンペーンが展開されていますが、先の研究からは、「デフォルトの健診日を指定して通知を出す」だけで、状況をずいぶん改善できることが期待できます。希望者にわざわざ申し込みをさせるようにした行政は、もしかしたら、会場で一日に対応できる人数に限りがあるため、受診希望者が予約なしに会場に押しかけることを避けたかったのかもしれません。しかし、デフォルトに人が従いやすい傾向があることを考慮に入れれば、指定日を分散させることで、受診者数の集中を避けることもできます。こうした仕組みはもっと積極的に取り入れられてもよいのではないでしょうか。みなさん、どう思われますか。

デフォルト③　自動車保険を選ぶ

次は商品の選択について見てみましょう。下のグラフを見てください。これは、1992年にアメリカの2つの州で契約された自動車保険のタイプです。ニュージャージーとペンシルバニアでは、人気の保険のタイプが違います。ニュージャージーでは「保険料が安く補償範囲が限定されたタイプ」の保険が人気で（80％が加入）、ペンシルバニアでは「保険料が高く補償範囲が広いタイプ」の保険が人気です（75％

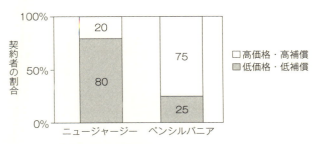

自動車保険の契約状況（文献［11］より作成）

が加入)。どうしてこの2つの州で人気の保険が違うのでしょうか。

　まず,ニュージャージーは経済的に余裕がない人が多いから安い保険に加入する人が多いのではないかといった理由や,ペンシルバニアでは裕福な人が多いから高い保険に入っている人が多いのではないかといった理由が思いつきます。あるいは,ニュージャージーは交通事故に遭うリスクが低く事故に備える必要があまりないが,ペンシルバニアは事故に遭うリスクが高くそのリスクに備える必要があるといった理由も思いつきます。

　残念ながら,収入も事故に遭うリスクも2つの州で大きく変わりません。従って,これらの説明はあてはまりません。

　ここでも,デフォルトの効果が関わっていると考えられます。ニュージャージーでは,自動車保険を選ぶとき,安くて補償範囲が限定された保険がデフォルトに設定されています。保険料が高く補償範囲が広い保険に変更したければ変更の手続きをとります。それに対して,ペンシルバニアでは,保険料が高く補償範囲が広い保険がデフォルトに設定されています。安くて限定された保険にしたければ,変更の手続きをとります。どちらの州でもかなりの割合の人がデフォルトの設定を変更することなく,最初に割り当てられた保険にそのまま加入しているのです(文献[11])。

　保険は高い買い物です。自分の収入や交通事故に遭う確率を吟味して,自分に合ったものを選ぶのが,世間一般的には「正しい」選択だと考えられています。しかし,こうした「正しい」選び方をしているなら,最初にデフォルトとして設定された保険のタイプによって,これほどの影響を受けることはないはずです。もし,ペンシルバニアがニュージャージーと同じデフォルトを設定していれば,ペンシルバニア州民は,2億ドル以上支出を抑えることができたと推定されています。ちょっとした選択の文脈の違いが人びとの選択に大きな影響を与えることを示しています。

デフォルト④　エネルギーを選ぶ

　次は，エネルギーについて考えてみましょう。地球規模での気候変動を背景に，太陽光や風力などの自然エネルギーで発電されたいわゆる「グリーン電力」への関心が高まっています。たとえば，ヨーロッパの各国で実施された世論調査では，回答者の多くが，電気代の負担が増えたとしても，グリーン電力を利用したいと回答しています（最近は，欧州を中心に，グリーン電力のほうがコストがかからなくなってきています）。

　しかし，実は，こうした世論調査の結果が出た地域や国でのグリーン電力の契約率は数％に過ぎません。使用電力に関する意識と行動に大きなズレがあるのです。

　こうしたズレをもたらしている原因として，やはりデフォルトが関わっています（文献［12］）。ヨーロッパの電力市場は自由化が進んでいるので，各家庭は電力会社や電力タイプを比較的自由に選択することができます。たとえば，グリーン電力（太陽光など自然エネルギーによる発電）やグレー電力（石油，石炭など再生可能ではないエネルギーによる発電）という選択肢から，自分が利用したい電力を選ぶことができます。しかしながら，多くの場合，契約時にはデフォルトにグレー電力が設定されており，グリーン電力を契約するにはオプトインする必要があります。グリーン電力への変更には若干の手間しかかからないのですが，ほとんどの家庭がこの手間をとらないため，グレー電力を契約したままになっているのです。

　2006 年時点のドイツでは，グレー電力をデフォルトに設定しているエリアでは，1％程度の人しかグリーン電力の契約をしていなかったのにもかかわらず，例外的にグリーン電力をデフォルトに設定していた送電会社（EWS 社）の管轄エリアは，ほぼ全ての家庭がグリー

ン電力を利用していました。同様に，グリーン電力をデフォルトに設定していたGmbH社でも，94%近くの人がグリーン電力を契約していました。デフォルトの設定が電力選択に劇的な差を作り出していると考えられます。

　2016年4月から日本でも電力販売の完全自由化が始まりました。これまでは地域ごとに，東京電力や関西電力といった特定の電力会社が発電事業と送電事業の両方をほぼ独占していたのですが，完全自由化を迎え，電力会社や発電方法を自由に選べるようになりました。さて，こうした中，日本の消費者はどんな選択をおこなうことになるでしょうか。電力自由化が開始されるまでは自由化の導入の是非やその制度ばかりに目が向けられていましたが，制度が導入されても，その制度が有効に活用されるとは限らないことは先ほどのヨーロッパの例から示唆されます。実際，制度開始から1年経った2017年3月末時点での一般家庭における新電力への切り替え件数は全国で4.7%に過ぎないことが報告されています（文献［13］）。消費者や事業者が電力会社や発電方法を幅広い選択肢の中から選ぶようになることを目標とするなら，今後は，デフォルトの設定などの運用面にもっと大きな関心が向けられる必要があると考えられます。

デフォルト⑤　臓器を提供するかしないか

　もう1つ，有名なデフォルトの例をあげておきます。下のカードを

臓器提供意思表示カード（文献［14］）

2章 デフォルトの効果——選択に働きかける2

ご覧ください。「臓器提供意思表示カード」です。脳死判定を受けたときなど，臓器を提供するかどうかについての意思を表示するためのものです。日本では，車の免許証や保険証の裏面に，臓器提供の意思を記入する欄があります。みなさんは，こうした臓器提供の意思を表示するなんらかのカードを持っているでしょうか。持っている人は，何か自分の意思を書きこんでいるでしょうか。

ある調査によると，ドイツやイギリスは，死後に自らの臓器を提供することに同意している人が非常に低いのに対して，フランスやベルギーは100%近い人が同意していることが報告されています（文献［15］）。一見すると，ドイツ人もイギリス人も臓器移植問題への関心が低く，臓器を必要としている人をサポートしたいと考える人が少ないのではないかという印象をうけますが，ここにもデフォルトが強く関わってきます。

ドイツやイギリスでは，あらかじめ臓器を提供する意思表示をしていなければ（つまり，オプトインしていなければ），「臓器提供に同意し

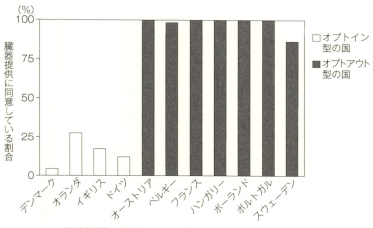

臓器提供に同意している割合 （文献［15］より作成）

ている」とはみなされません。一方，フランスやベルギーでは，あらかじめ提供しないという意思表示をしていないかぎり（つまり，オプトアウトしていなければ），「臓器提供に同意している」とみなされるのです。つまり，何も意思表示しないことが，一方では臓器提供に同意していないことにつながり，他方では同意していることにつながるのです。

　いずれのタイプの国の人たちも，こうした制度を理解した上で，「何もしない」という判断と「同意する／同意しない」という判断を自覚的におこなっている可能性は，もちろん，あります。もしそうだとしたら，やはりドイツ人やイギリス人は，臓器提供に否定的な態度をもつ国民だということになります。しかし，同じ属性を持つ回答者グループに，臓器提供のデフォルトを実験的に操作した質問を与えると，やはり，臓器提供することがデフォルトである場合には，提供しないことがデフォルトである場合と比べて，より多くの人が臓器提供に「同意する」ことが確認されています。このことから，国や集団のメンバーが共有している価値観や態度を超えて，デフォルトが臓器提供に関する意思決定に影響しているといえそうです。臓器提供に同意する人の割合は大きく違いますが，どちらの制度下の人びとも，デフォルトをそのまま受け入れている，という点では同じなのです。デフォルトの設定次第で，臓器を必要としている人びとへの臓器提供が決まる現実が見えてくるでしょう。

デフォルト⑥　お金を運用する

　意思決定する人に自発的に選択肢を選ぶように呼びかけても，そのままデフォルトに従ってしまうことも確かめられています。スウェーデンでは，500種類近くの投資信託（投資家から資金を集めて運用する金融商品）が掲載されたカタログを配布し，市民がその中から好きなものを選んで個人年金として加入するように促したことがありました。

このとき，自発的にファンドを選ぶように呼びかけるキャンペーンをおこなったにもかかわらず，3分の1にも及ぶ人たちがデフォルトで設定されたファンドにそのまま加入することが確かめられました（文献［16］）。

なぜデフォルトの選択肢は選択されやすいのか

さまざまな場面で，デフォルトが人びとの選択に影響を与えていることを見てきました。なぜ，デフォルトの選択肢は選択されやすいのでしょうか。

大きく3つの理由が指摘されています。

1つ目は，すでに説明したように，デフォルトを変更するときにかかるコストです。他の選択肢に変更するために，書類に必要事項を書き込んだり，その書類を取り寄せたりするといった物理的な負担が多いほど，デフォルトは変更されにくくなります。また，選択肢間の優劣を判断できず1つに絞り切れないといった「認知的な負担」が大きい場合も，そのままデフォルトの選択肢が選ばれやすくなります。

2つ目は，一般に人が損失を回避する傾向が関わっています。人は「得ることより失うことに強く反応する」傾向があります。たとえば，1万円を獲得することで手に入れる価値よりも，1万円を損失することで失われる価値のほうが大きく感じられませんか。デフォルトとして与えられる選択肢は，すでに手に入れたものと等しいので，他の選択肢に切り替えるということは，すでに手に入れたものを手放すことのように知覚されるのです。従って，デフォルトを変更することで実際にはもっと魅力的な選択肢にすることができたとしても，デフォルトの選択肢を失うことへの抵抗から，デフォルトをそのまま受け取ることになるのです。

3つ目は，デフォルトが「オススメの選択肢」であるように知覚されることが関わっています。意思決定時にデフォルトとして与えられ

るサービスや商品は,それを「提供する側が受け取る側の利益を考えて設定したもの」であるように知覚される傾向があります。そうすると,提供者側の善意を(暗黙のうちにでも)期待している限り,デフォルトとして与えられたサービスや商品をあえて変更することはしなくなるのです。

これらの思考や行動の癖が複合的に意思決定者の判断に影響し,デフォルトが選ばれやすくなるといえます。

不幸になりたい人などいない

予防接種に行かなかった人は,自分の健康を気にかけていないから行かなかったのでしょうか。保険料は安いけど補償範囲が狭い保険に加入した人は,自分の収入と事故に遭う確率を勘案した上でそれを選んだのでしょうか。グリーン電力を契約しなかった人は地球環境を気にしていなかったのでしょうか。

もちろん,明確な考えと意思に基づいてこうした決定をした人もいたはずです。しかし,デフォルトの設定次第で,選ばれやすい選択肢がいとも簡単にひっくり返ることを示す数多くの事実は,さまざまな選択場面において人びとが明確な考えと意思に基づいて自覚的な選択をおこなっているというより,その選択がおこなわれる文脈の影響を受けて,何を選ぶのかそれとなく方向づけられていることをあらわしています。

常識的には,デフォルトの設定にかかわらず,自らの考えに基づいて一貫した決定と判断をおこなうことができる人こそが,その問題について本当に真剣に考えている人だといえそうです。しかし,いまどきの言葉でいえば,そんな「意識の高い」人は多くないのではないでしょうか。自分の健康のことや,地球のこと,他人のことを配慮しているはずなのに,ついつい突き詰めずに決定してしまって,自分でも望んでいなかった結果を招いてしまっているというケースは少なくな

いと考えられます。

　本人が本当は望んでいなかった決定をしてしまった場合，注意や思慮が足らなかったその落ち度は認めてもよいでしょう。しかし，電車のなかでマナー悪く振舞っていた人が，必ずしも悪意をもってそうしていたわけではなかったように，生活のさまざまなシーンで本人も首を傾げてしまうような決定をしてしまっている人も，わざわざ自分が不幸になることや不利益をこうむることを自覚した上でそんな決定をしているわけではないはずです。

「選択アーキテクチャ」という考え方

　行動経済学[1]のセイラー（2017年にノーベル経済学賞を受賞しました）と法学者のサンスティーンは，『Nudge』という本の中で，人びとの意思決定を誘導・支援する方法とその社会的な実践例を体系的に論じています（文献［17］）。選択のさせ方や選択肢の見せ方によって人びとの選択が変わること，また，その傾向を利用して人びとの選択を誘導することができることを説明するのに，「選択アーキテクチャ（choice architecture）」という用語が使われています。

　アーキテクチャとは建築や構造のことです。建築物は，たとえば，階段，ドア，トイレ，吹き抜けなどの要素から構成されています。それら構成物がどのような形状であるかや，空間的にどのような配置関係にあるかによって，その建築物の利用者の行動に多かれ少なかれ影響が生じます。たとえば，階段の勾配が急であれば階段の利用が減る

---

　［1］　行動経済学は，人間を「情報処理装置」として捉える認知科学や認知心理学を中心とした意思決定研究の流れに，経済学が合流することによって誕生した研究分野です。人間は合理的に行動すると考える標準的経済学に対して，人間の合理性には限界がある点を重視して，人間の行動を解明することに取り組んでいます。行動経済学でしばしば使われる「限定合理性」という概念は，認知科学の祖の1人でもあるハーバート・A．サイモンが編み出しました（サイモンも1978年にノーベル経済学賞を受賞しました）。

かもしれません。吹き抜けがあるかないかでは快適さは変わるでしょう。一般住宅であれば，玄関から個室に行く途中にリビングがあれば，家族の交流が生まれやすくなります。逆に，玄関から直接個室に行くことができると家族が顔を合わせる機会が減ります。階段，吹き抜け，玄関とリビングの配置関係などが構成する物理的環境は，その建築物を利用する人びととの行動に影響を与えるのです。前の章でとりあげた椅子や電車の座席などの物理的環境の話と同じですね。

選択も，いくつの選択肢があるのか，何回選択するのか，選択肢がどんな順番で与えられるか，自発的に決定する必要があるのか，といった無数の要素から構成されています。そして，それらの要素は，建築物が利用者の行動に影響を与えるように，どのように設定されているかによって，意思決定に影響を与えるのです。

デフォルトが良い例です。人びとが選択をおこなうとき，そこには必ずなんらかのデフォルトがあります。もし生活の中で自発的に何かを選んでいなければ，それは「現状維持」を選択していることになります。つまり，私たちの目の前には常に，現状を維持するか，変更するか，という選択肢が置かれているわけです。その意味で，デフォルトは常に選択全体の枠組みを構成する要素として入り込み，選択の仕方に影響をあたえ，人びとが最終的に受け取る選択肢を大きく変えます。

セイラーとサンスティーンは，建築物が利用者の行動を方向づける物理的環境を構成するのと同じように，選択も意思決定を方向づける認知的環境を構成するということを主張するために，「選択アーキテクチャ」という言葉を用いたのです。選択がおこなわれる（観念的な）場を，選択のさせ方や選択肢の見せ方など，意思決定を方向づける要素から作り上げられる構造物のように捉えたわけですね。

選択アーキテクチャは，選択を方向づけますが，それを意思決定者に強制するわけではありません。座り心地の悪い椅子では滞席時間が短くなる傾向がありますが，座る人物がその椅子に座り続けようとい

う強い意志を持っていれば、座り続けることができるのと同じです。選択アーキテクチャが方向づける選択を望まないなら、自由に変更することができます。たとえば、オプトアウト型の申込書を受け取った人びとは、オプトイン型の申込書を受け取った人びとよりも、がん検診などを受診する傾向を強めますが、もちろんその決定は強制されるわけではありません。受診するもしないも自由です。

しかし、選択アーキテクチャの力を利用した働きかけ[2]は、働きかけられた側には自覚しにくいものです。働きかけに従わない自由があるにしても、知らずしらずのうちに、その働きかけの影響を受けてしまうという可能性はあります。自覚しにくい隠れた影響力を行使されることに対して、気味悪さや抵抗を感じる人もいるでしょう。そのような人は、「自分の選択に干渉しないで欲しい」、そして「完全に自分の意思で選択したい」と思うかもしれません。

そうはいっても、選択というものは、常になんらかの選択アーキテクチャのもとでおこなわれていることを忘れてはいけません。まったく「中立的な状態」からの選択などあり得ないのです。建築物があって、そこに居住者が住む限り、建築物は居住者に必ずなんらかの影響を与えるように、選択も常に固有の文脈の中でおこなわれるので、その文脈のなかに置かれている限り、そこでおこなわれる決定や判断にはなんらかの力がかかるのです。

こうした視点にたち、セイラーとサンスティーンは、中立的な選択アーキテクチャはそもそもあり得ないので、意思決定する場を設計したり提供したりする人は、どんなかたちであっても必ず人びとの意思決定になんらかの影響を与えることを自覚し、責任をもってその意思決定を行う文脈を体系化し整理する必要があると論じています。

---

[2] 行動経済学では選択アーキテクチャの力を利用して特定方向に選択を促すことを「ナッジ（nudge）」と呼びます。

原因と対処

　選択が，本人の意思によっておこなわれたと考えるのか，選択アーキテクチャに方向づけられたと考えるのか。なんらかの問題を引き起こす選択がおこなわれた場合，それがどんな要因によっておこなわれたと考えるかによって，問題に対処する方向性が大きく変わります。

　選択が個人の明確な意思のもとおこなわれたという考え方にたてば，ある望ましくない選択がおこなわれた場合，その責任の所在はその選択をおこなった個人に求めることができます。自らの意思に基づいておこなった選択から生じた結果については，その個人が責任をとるべきだという考えです。いわゆる「自己責任論」ですね。

　そのように，問題の原因を個人の意思に求めれば，そうした問題を犯さないよう，個人が意思決定する能力を改善する取り組みが必要だということになります。たとえば，生活全般や商品に関する有用な知識を与えるなどして，決定や判断をおこなう能力を向上させる教育プログラムを作るといった対策がとられるでしょう。典型的な事例としては日本の消費者庁の取り組みをあげることができます。消費者庁は，自主的かつ合理的に行動できる消費者，すなわち「自立した消費者」を育成することを目標にさまざまな活動を展開しています。悪質商法をはじめとした消費者トラブルに対する取り組みとして，セミナーなどを開催して，消費者が必要な情報を収集し，必要な能力を身につける教育プログラムを提供しています。望ましい選択ができるように，意思決定者に必要な情報を与え，自律的に判断する能力を身につけさせるのです。こうしたリテラシーの習得は，年代を超えて必要でしょう。

　一方，選択アーキテクチャが個人の選択を方向づけているという考え方にたてば，なんらかの問題がある選択がおこなわれた場合，その犯人としては，その選択を望ましくない方向に向かわせている外的な環境に目が向けられます。そして，選択アーキテクチャを変更するこ

とで，その問題の解決をしようという考えにつながっていきます．選択アーキテクチャに変更を加えることで，望ましくない選択がおこなわれる可能性を小さくする，という解決策が目指されることになるのです．

イギリスの内閣府が，税の徴収に関するアプローチを変化させ，成功を収めたという例を紹介しましょう．

イギリスでは，これまで，所定の税金を納めない人を故意に基づいて不正行為を働く「犯罪者」とみなしてきました．そうした「犯罪者」に対しては，罰則を強化するなどして，税金逃れを思いとどまらせる試みがなされてきました．しかし，納税しない人のすべてが，必ずしも意図的に税金逃れをしているとは限らず，税額や納税方法を正しく理解できていないなどの理由で税金を納めていない人も一定の割合でいるのです．

もちろん，間違いがないように納税の仕組みを理解し，正しく税を納めるのが納税者としては理想的ですが，納税の仕組みはわかりやすいとはいえず，また，かといって熱意をもって複雑な納税方法を理解しようという意欲も時間もなく，少なくない人が所定の手続きに従うことができないままでいるのが実情でした．イギリス内閣府の行動インサイト[3]チームが2012年にまとめた報告書（文献 [18]）によると，未納になっている税金のうち，実際に不正行為がおこなわれたのは210億ポンドで，間違いによるものが96億ポンドと推定されています．そこから，納税の仕組みをわかりやすく伝えたり，税金を納める仕組みを行動経済学的な知見に基づいて設計することに取り組むことで，納税率を大幅に改善することができることが報告されています．こうした取り組みは，伝統的な罰則強化などの方法と共存可能であり，また，安価に導入することができ，伝統的方法と同時に実施することで，

---

[3] 行動インサイト（behavioural insights）は，行動科学や認知科学の中で明らかにされた人間行動に関する洞察（インサイト），また，その洞察に基づいて社会政策や公共政策を考える研究分野をあらわします（[文献19]）．

より効果的に納税行動を促すことができると報告されています。

　納税，健康，消費などさまざまな領域に生じるなんらかの選択上の問題を，性格，態度，能力などの個人の特性だけに求めるのではなく，その個人がおかれた選択アーキテクチャとの関連で考えることで，それらの問題を解決する糸口は広がります。個人がもともと持っている情報処理傾向が，選択アーキテクチャのもとで，どのように反応するのか。人と状況のインタラクションに目を向けることで，問題の新しい解決策につなげることができるのです。こういうことの理解は選択する個人の側，選択する制度を作る側の両方で必要なことでしょう。

自動システムと熟慮システム

　デフォルトは，がん検診やグリーン電力などに対する知識を増やしたり興味や関心を高めたりすることなく，がん検診を受ける，グリーン電力を利用する，といった行動を引き出すことに成功していました。1章でとりあげた物理的な環境も，行儀良く座ろうといったモチベーションを高めることなく，行儀の良い姿勢を引き出していました。判断や決定に働きかけるのか，身体に働きかけるのかという点が違いますが，いずれも，人びとの，自覚的な認知プロセスに訴えることなく，無自覚的な認知プロセスに働きかけて特定の行動を引き出している点が共通していました。

　このように，人間の思考・行動プロセスは，非意識的な認知システムと意識的な認知システムとから成り立っているわけです。行動経済学や認知心理学では，こうした区分に対応させて，それぞれを「自動システム」と「熟慮システム」と呼んでいます。

　ポスターや貼り紙を用いた働きかけで典型的なのは，「がん検診を受けましょう」や「グリーン電力を契約しませんか」といったように，特定の行動を言語的に伝えるというやり方です。情報や知識を与えることで，なぜその行動をとるべきなのか納得してもらったり，どうし

人間のもつ2つの認知システム

自動システム	熟慮システム
制御されていない	制御されている
努力しない	努力する
連合的	演繹的
速い	遅い
無意識	自覚的
熟練を要する	ルールに従う

（文献［17］より）

たらその行動ができるのかを理解してもらったりすることで，メッセージの受け手にその行動を自覚的に実行してもらうわけです。こうした一連の自覚的で労力のかかるプロセスは，熟慮システムが大きく関わると考えられています。1章でお話ししたように，こうした熟慮システムに頼った働きかけは，その行動を遂行してもらうまでに，大きな認知的な負担を要求します。毎日の生活で忙しかったり，他にたくさんの情報があったりするなかで，メッセージに注目させ，その内容を理解してもらったうえで，同意してもらい，意識的にその行動に取り組んでもらうことは難しかったわけです。

　選択アーキテクチャの力を用いた働きかけは基本的に，人びとの自動システムの癖を利用した働きかけとして特徴づけられます。さきほど，デフォルトの選択肢が選ばれやすい理由として，「認知的コストが低いから」，「損失を回避する傾向があるから」，「オススメであるとみなされやすいから」という3点を挙げましたが，いずれも選択肢それ自体が持っている特徴に対する自覚的な反応というより，デフォルトであることによって無自覚的に判断や決定が一定方向に偏る認知的な癖が関わっていたのでした。

興味や関心を刺激する働きかけと比較する

ポスターや貼り紙などで働きかけても動かなかった人たちが，ほとんど無自覚のうちに，影響の与え手が狙った行動を取るようになることは，デフォルトをはじめとする人の自動システムを利用した働きかけが持つ大きな特徴です。この特徴を一層理解するために，その比較として，興味や関心を刺激して人を動かそうとする働きかけをみてみましょう。マーケティング・コミュニケーションという実践的分野の中で主に展開されている，人びとの興味や関心を刺激するコミュニケーション戦略を見て，それとの違いを考えてみます。まず，ミシュランのグルメガイドブックとフォルクスワーゲンのファン・セオリーを紹介します。

ミシュランのグルメガイドブックの起源は？

ミシュランの赤いガイドブックをご存知でしょうか。有名なのは，東京やニューヨークなど各都市のレストランやホテルを紹介するガイドブックです。レストラン評価の星の数が増減しただけで一流レストランが右往左往するといわれるグルメ本です。

ミシュランという企業は，タイヤのメーカーです。なぜタイヤメーカーがレストランなどのガイドブックを出版したのでしょうか。社長がグルメだったのでしょうか。趣味がこうじて，ガイドブックを出版するというのはありそうな話です。

しかし，正解は「タイヤを売るため」です。タイヤを売るために，ドライバーのためのガイドブックを作ったのです。その理由が，わかりますか。

よく考えると，消費者にタイヤを新しく買ってもらうことは難しい課題です。広告に有名なタレントを使ったり，タイヤの価格を下げた

り、あるいは高機能のタイヤを開発したりしても、車に現在セットされているタイヤに問題がないなら、そう簡単には新しいタイヤに替えてくれないでしょう。

タイヤを売るためには、やはり、新しいタイヤと交換する必要があるくらい、今のタイヤを使って摺り減らしてもらう必要があります。そのためには、たくさん車でドライブしてもらわなければいけませんよね。そこで、ミシュランは、車を使って遠出する機会を作って、タイヤ交換の時期を早めようと考えたのです。

最初のガイドブックは、ミシュラン社の本国フランスで1900年に出版されました。フランス各地の市街地図に、ホテルやガソリンスタンドの一覧を掲載し、旅行のガイドブックとして発行したのでした。自動車旅行が活性化すると、必然的に、タイヤがたくさん消費されることになります。結果的に、新しいタイヤを購入してもらうことができます。ドライブするキッカケを作ることで、タイヤの消費と購入を促したのです。

フォルクスワーゲンの「ファン・セオリー」

フォルクスワーゲンは、ドイツの自動車メーカーですが、ある時期、ゴミのポイ捨てなどの社会課題を解決するユニークな施策を展開したことがあります。一連の施策は「楽しさは人びとの行動を変えることができる」という、フォルクスワーゲンが提唱する「ファン・セオリー」に基づいて実施されました。

たとえば、ポイ捨て対策として、ゴミを捨てることが楽しくなるゴミ箱を設置しました。そのゴミ箱は、空きカンを投入口に放り込むと、ひゅーーーーんっと10メートル以上はあると思われる距離をカンが落下する効果音が聞こえてきます。多くの人が面白がって、そのゴミ箱に空きカンを捨てるようになり、ポイ捨てが減ったと報告されています。

また，自動車の安全運転を促すために「速度カメラ宝クジ（Speed Camera Lottery）」という装置を導入しました。クジつきの，速度違反取り締まり装置です。通常は制限速度を超えた車を取り締まるために速度違反取り締まり装置を使用しますが，この装置では，制限速度を守ったドライバーも記録し，こちらは抽選で賞金が当たるようにしました。ゲーム感覚で安全運転を心がけるように誘導する仕掛けです。この装置は実際にストックホルムの道路で導入されました。3日間で2万4857台の車がその道路を利用しましたが，導入前には平均時速32キロメートルだったのが，導入後は時速25キロメートルに減少し，事故の件数も16%減ったと報告されています。

　また，同社は，運動不足解消のために，エスカレーターではなく，階段を利用してもらう施策も展開しました。具体的には，階段の一段一段をピアノの鍵盤に見立て，その上を歩くと音が鳴る階段を作りました。うまく昇り降りすれば，簡単な曲くらい演奏できそうです。この階段を設置したところ，並列するエスカレーターを使わずに，音を楽しみながら階段を昇り降りする人が増えたと報告されています。

興味や関心を刺激する働きかけとの違い

　タイヤを購入するよう訴えたり，ポイ捨てをしないこと，また，運動不足を解消することが大切であることを直接的に呼びかけるだけでは人びとはなかなか行動しません。ミシュランとフォルクスワーゲンの施策では「ドライブを楽しみたい」，「落下音を楽しみたい」，「演奏を楽しみたい」といったように，興味や関心を高める仕掛けを用いることで，人びとを動かしたのでした。

　「〇〇したい」という気持ちが高まれば，人びとは自ら行動します。その意味で，モチベーションを高める働きかけは，人びとの意識的なプロセスに働きかけているといえるでしょう。その意味で，1章で取り上げた看板や貼り紙による働きかけと似ているといえます。1章で

2章　デフォルトの効果——選択に働きかける2

は「意識的なプロセスに対する働きかけはあまりうまくいかない」と悪者のように書きたてましたが，意識的，自発的な行動を要求する働きかけであっても，効果的に人びとの興味や関心を刺激することができれば，狙った行動を引き出すことができるわけです。こうしたモチベーションを高める働きかけは，時に大きな話題を呼び，たくさんの人が自発的に参加する大きなムーブメントにさえなります。

　しかし，こうした働きかけには限界もあります。多くの場合，鮮度が限られており，長続きしないのです。筆者個人の感想となりますが，ミシュランとフォルクスワーゲンの施策はそれぞれよく設計されていて面白いのですが，正直何回か楽しんだら，十分ではないでしょうか。最初はメディアにもとりあげられ，口コミも広がり，大きな話題になるでしょう。しかし，あっという間に新鮮味と面白味が失われ，人を動かす力を失っていきそうです。

初めての利用者はピアノ階段を使うが，2回目以降の人はエスカレーターを使ってしまう。

人びとに自発的なアクションをとらせるためには，興味や関心を刺激し続ける必要があります。モチベーションを刺激することで人を動かそうとする限りは，絶えずコンテンツを更新したり（ミシュランのガイドブックがそうですよね），新たな施策を展開したりするなどして，人びとに新鮮味のある刺激を与え，その行為に対する意識的関与が低下しないようにする必要があるのです。

　一方，デフォルトによる働きかけで見たような，自動システムの反応を前提とした働きかけはどうでしたでしょうか。もともと興味や関心を刺激して自発的な行動を駆り立てていたわけではないので，その行為に飽きてしまうといった可能性は非常に低いでしょう。無自覚的，自動的な認知プロセスが関わるため，本人が意識的に断ち切ろうとしない限り，その影響が持続することになります。人びとの意欲や関心など，モチベーションを刺激する働きかけとは対比的に，意識的な関与が低いときに，その効果が表れやすいといえるでしょう。

　人の認知的な癖を利用した働きかけは基本的に心躍るような言葉も映像も使わないので，口コミしたくなるような楽しさはないかもしれません。しかし，一時的に盛り上がったあと，急激に人びとを動かす力を失っていくキャンペーンとは違います。人がもともと持っている選択傾向に合わせた小さな工夫をすることで，強い意思がなくとも特定の判断や選択が持続的に生み出される環境を作り出すことができるのです。

　以上をまとめると，興味と関心を刺激する働きかけがおこなわれる場合，人びとは当該行為に意識的に関与し，自らの意思でその行為を選択していくのに対して，自動システムの反応を利用した働きかけがおこなわれる場合，知らない間に特定の選択をおこなうという比較が成り立つでしょう。両者は，人びとに行動を開始させ，また持続させるときの発想が大きく違っているので，どちらによる働きかけだけが良いというわけではなく，目的に応じて使い分けることが賢いといえます。完璧な施策はなく，興味や関心を刺激する施策によって働きか

けるだけでなく、社会的に見てもしくは意思決定者の視点から見て望ましい行動が持続的におこなわれるように、選択アーキテクチャを見直し、整備する取り組みを進めることで、さまざまな社会課題に有効に立ち向かうことができると考えられるでしょう。

まとめ

1章に続いて、2章も人びとの行動を環境の力によってコントロール・誘導していく様子を見てきました。1章では、物理的環境による働きかけを見ましたが、2章では認知的環境に焦点を当てました。1章で、物理的環境が、看板や貼り紙よりも効果的に、使用者の行動を変化させることができるのは、行為者に意識的な努力やコストを要求することなく、身体的な反応傾向を利用してほとんど無自覚のうちに行動を方向づけることができたからでした。そして、2章でとりあげた選択アーキテクチャの力を用いた働きかけも、同じように、行為者に意識的な努力やコストをほとんど要求することがありません。本人に、目標を定めて、それを達成しようとする意思がなくても、人びとの認知的な反応傾向を利用して、選択肢の設定方法などを操作することで、なんらかの判断や決定が引き出されるように、方向づけていくのです。

意識的な働きかけには限界があります。そのため、行動を変えたい相手の理解や意図に頼らない方法で、判断や行動を引き出す、という点が話として共通していました。身体的な反応を利用するために身体の特性を理解する必要があったのと同じように、認知的な反応を引き出すためには、人の認知的な傾向を理解する必要があります。この章では、そうした働きかけの例としてデフォルトに焦点を当ててきましたが、選択アーキテクチャには他にもさまざまなものがあります。次の章でも引き続き見ていきましょう。

選択肢を分割する効果
——選択に働きかける 3

　建築物が無数の要素から構成されるように，選択アーキテクチャもさまざまな要素から構成されます。この章では，選択肢の構成方法が意思決定に与える影響について見ていきます。日々の生活の中で，いくつかある選択肢を 1 つにまとめたり，1 つの選択肢をいくつかに分けたりするといったことはよくあります。選択肢全体に含まれるものは同じで，まとめ方が違うだけです。こうした違いは些細であっても，そこでおこなわれる意思決定は大きな影響を受けます。前章のデフォルトの効果に引き続き，この章では選択肢の分割が選択を誘導・支援する選択アーキテクチャとして機能していることを見ていきます。

オバマ政権は支持されていたか

　政治関連のニュースでは，政権の支持率ほど頻繁に話題になる統計値はないように見えます。アメリカでは毎週，ギャラップ社が大統領の支持率について調べ，それを公表しています。たとえば，オバマ政権のとき，2016 年 8 月 15 日から 21 日までの間に実施された調査では，オバマ政権の支持率は全体で 51% となっています（文献 [20]）。

　短いニュースでは全体の支持率しか伝えられませんが，ときによっては，調査回答者の年齢，性別，居住地，人種，支持政党などの属性によって集計された値が細かく伝えられることもあります。全体での支持率が 51% だったこの調査を人種の違いで見ると，白人の支持率が 40%，白人以外の支持率が 77% となっています。オバマ政権を支持する層は違いがありそうです。もう少し詳しいデータを見てみま

しょう。

　支持率を，白人以外でさらに細かく見ると，黒人が86%，ヒスパニックが74%の支持率となっています。

　さて，どちらも同じ調査ですが，支持率が「全体で51%」とだけ伝えられた場合，「白人40%・非白人77%」と伝えられた場合，「白人40%・黒人86%・ヒスパニック74%」と伝えられた場合では，ニュースの受け手がその調査結果から受け取る印象はどれも同じでしょうか。

　「白人40%・非白人77%」と集計された場合と比べ「白人40%・黒人86%・ヒスパニック74%」と言われた場合のほうが，オバマ政権はより強く支持されている印象を受けませんか。「白人40%・非白人77%」だとオバマ政権の支持率が2つのグループで割れているようにみえるのに対して，「白人40%・黒人86%・ヒスパニック74%」だと白人ではそれほどではないですが，2つのグループでオバマ政権が強力に支持されているという結果に見えます。

　もう1つ，この調査を違う切り口から見てみましょう。ギャラップ社は調査回答者の政治的志向性を基準に6グループに分けた集計もおこなっています。

　　民主党リベラル派…92%
　　民主党中庸派…88%
　　民主党保守派…80%
　　純粋無党派…46%
　　共和党リベラル・中庸派…25%
　　共和党保守派…6%

の6グループです。数字は支持率です。この中では最初の3つのグループでは80%以上の支持率となっています。

　さらに，ギャラップ社は調査回答者の支持政党を基準に3つのグループに分けた集計も行っています。

民主党…89%
無党派…49%
共和党…11%

　この3分割の中では民主党支持層だけが強くオバマ政権を支持しており，残りの2つのグループはそれほどではありません。
　実は，6分割のとき高い支持率を見せていた民主党リベラル派支持層と民主党中庸派支持層と民主党保守派支持層の3つのグループは，3分割のときに高い支持率を見せていた民主党支持層と同じです。6分割では細かく3グループに分けられていたのが，3分割では単純に1つのグループにまとめられているだけです。
　もとのデータは同じですが，集計方法によって調査結果から受ける印象が変わるのではないでしょうか。6分割のときは半数の3グループから高い支持を受けているということで政権への支持は全体として悪くないように見えますが，3分割のときは1グループからしか支持を受けていないため政権は全体としてあまり支持を受けていないように見えませんか。
　細かく分けると，より大きな単位でまとめていたときにはわからなかった部分が見えるようになります。人種，政治的志向性，支持政党で分けて集計するのは，これらの単位で集計することによって見えてくる社会的な現実があるからでしょう。しかし，そうすることで詳細な結果がわかるようになる一方で，調査結果全体から受ける印象も変わってしまう可能性があります。
　日々の生活の中で接する情報はさまざまな形で分類・集計されています。とくに重要な意味もない勝手な単位で情報や選択肢が分けられていることもあるでしょうし，なんらかの狙いや意図がありその単位が決められていることもあるでしょう。とにかく，意図があるかないかにかかわらず，情報の分類方法や集計方法の具体的な形が選択アー

キテクチャを構成することになります。意思決定者（たとえば，私たち）はその選択アーキテクチャの中で判断と選択をおこなわなければならないということになるのです。この章ではこのような「選択肢の分割」が意思決定に与える影響を，5つの事例を通して見ていきます。

分割の効果①　自動車が動かない原因を考える

いつも運転している自動車が動かなくなったとします。その原因について考えてみましょう。車が動かない原因はバッテリーやエンジンのトラブルなどいろいろと考えられます。

バッテリーが原因になっている確率はどのくらいでしょうか。エンジンの故障の確率はどうでしょう。燃料装置ではどうでしょう。このような質問をおこない，車が動かなくなったときにその原因がなんであると思うかをたずねた認知心理学の研究があります（文献［21］）。この調査では，エンジンなどの原因の項目の分け方が異なるリストをいくつか用意し，それぞれのリストにおける確率判断を比較しました。

およそ半数の参加者は，詳細に故障の原因が記載されたリストを受け取りました（詳細条件）。このリストには全部で7個の原因が含まれていましたが，そのうち6個は"バッテリー"，"始動装置"，"燃料装置"，"点火装置"，"エンジン"，"いたずら"と具体的な原因で，残り1個は"その他"でした。参加者はリストにある項目がそれぞれどのくらい原因の候補として可能性があるか推定するよう求められました。全体で100%になるように個々の項目にポイントをつけるというわけです。

その結果は表にある通りです。"バッテリー"が故障の原因としてもっとも可能性が高いと判断され（26.4%），以下，"始動装置"（19.5%），"燃料装置"（19.3%），"点火装置"（14.4%），"エンジン"（7.6%），"いたずら"（5.1%）と続きました。"その他"は7.8%でした。

もう1つのグループの実験参加者は，以上の詳細条件のリストから

いくつかの項目を省略したリストを受け取りました（省略条件）。具体的には，詳細条件のリストから"始動装置"，"点火装置"，"いたずら"の3つの項目が取り除かれた計4つの項目を与えられ，それぞれがどのくらい原因の候補として可能性があるか推定するように求められました。

理屈上は，これら3つの原因が取り除かれた場合，その3つに割り振られるはずだった割合は"その他"が吸収することになるはずです。つまり，詳細条件では"始動装置"に19.5%，"点火装置"に14.4%，"いたずら"に5.1%が与えられていたので，その合計である53.0%に近い値が"その他"（7.8%）に追加された値である60.8%を，省略条件時の"その他"が受け取ることになると推測できます。

しかし，省略条件の参加者が実際に推定した結果を見ると"その他"に与えたのはわずか14.0%に過ぎませんでした。

つまり，"始動装置"，"点火装置"，"いたずら"など，個々の項目を1つずつ明確にリストに挙げると，それらが故障原因になる確率が高く推定されるのに，"その他"にまとめられると，もともとこれら3つの項目に与えられるはずであった水準の確率を大きく下回るので

車が動かない原因である確率に関する判断（文献 [17] より）

原　因	詳細条件	省略条件
バッテリー	26.4 %	43.2 %
始動装置	19.5 %	―
燃料装置	19.3 %	30.9 %
点火装置	14.4 %	―
エンジン	7.6 %	11.6 %
いたずら	5.1 %	―
その他	7.8 %	14.0 %

注：省略条件のリストには"―"の項目がなかった。

す。"その他"に埋没してしまった3つの項目は、故障原因の候補として意識にのぼりにくくなってしまったのでしょう。リストに個別に明記されていれば、意識的な焦点が当たり、それぞれが故障の原因となる可能性を想像しやすくなることをあらわしているといえます。

ただし、こうした結果は、実験参加者がもともと車の故障について十分な知識を持っていなかったために生じたかもしれません。知識がなければ、与えられた情報の中だけで判断するしかありません。車についてあまり知識がない素人にとっては車が動かない理由を考えるように言われても、そもそもどんなことが故障の原因となるのかよくわからないはずです。その場合、リストの中で与えられた情報の範囲で、それぞれの項目の確率を判断するしかありませんし、"その他"に含まれる原因がどんなものなのか想像することも難しいでしょう。つまり、知識が不足していたために"その他"に含まれたであろう原因の候補が思い浮かばず"その他"の確率を低く判断してしまったかもしれません。

しかし、この研究では、車についてどれくらい知識があるかについても実験参加者にしっかりたずねていました。その結果、車に詳しいと答えた参加者もそうでない参加者も同じように、原因が省略されると"その他"の確率を低く判断していました。この結果からは、単に知識不足から"その他"の確率が低く判断されたわけではなく、個別の原因候補が意識的に利用できるときには、その候補が判断の中でより大きな比重を持つようになったことが示唆されます。

もともと1つの選択肢としてまとめられていた、より大きな集合から、新しい選択肢としてその一部分を切り出すと、その部分が目立つようになり、判断で重視される傾向があることが、この他にもさまざまな研究から明らかにされています。それらの研究について見ていきましょう。

分割の効果②　デート相手を選ぶ

　私はやったことがありませんが，大学院生の頃，出会い系サイトでデート相手を探している知り合いがいました。悪いニュースを聞くこともありますが，上手に利用すれば，自分とあった友達や恋人をうまく見つけることができるのかもしれません。

　こうした異性との出会いの場であるマッチングサイトでは，効率よくパートナーを検索できるように，検索対象のプロフィールは，性別，年齢，居住地，外見上の特徴，性格，趣味などのいくつもの属性から構成されています。いくつかの条件を設定して候補者を絞り込み，その中からプロフィールを見比べて，気に入った相手を選ぶようです。

　"外見"や"中身"といったプロフィールを構成する属性はマッチングサイトによって違います。たとえば，"外見"と"中身"の属性がそれぞれ１つずつのサイトもあれば，"外見"と"頭のよさ"と"やさしさ"の計３つの属性でプロフィールが構成されるサイトもあるでしょう。また，"顔"と"スタイル"と"中身"の３つの属性でプロフィールが構成されるサイトもあるでしょう。いずれも外見と中身を属性に用いていますが，１番目のサイトは外見１つと中身１つ，２番目のサイトは外見１つと中身２つ，３番目のサイトは外見２つと中身１つになっていますね。

　このようなプロフィールの構成方法は，サイト利用者のパートナー選択にどのような影響を与えるでしょうか。もともと外見重視であれば，その人はサイトに関係なく一貫して外見重視でパートナーを選ぶのでしょうか。中身重視の人はどう行動するでしょうか。

　実際に，このようなプロフィールの構成方法がサイト利用者のパートナー選びに与える影響を調べたマーケティングと心理学領域の実験があります（文献［22］）。いろんな実験があるものですね。

　この実験では，プロフィールの作り方によって実験参加者をいくつ

かのグループに分けました。1つ目のグループは下にあるようなリストを受け取り、デート相手にどんなところを重視するのか点数をつけました。重視するほど高い点数を与えます。点数は計 100 ポイントになるようにつけられました。

  外見 ･････････････････････････････ （　　　）ポイント
  頭のよさ ･･･････････････････････････ （　　　）ポイント
  ユーモアのセンス ･････････････････････ （　　　）ポイント
  分別 ･････････････････････････････････ （　　　）ポイント
  やさしさ ･･･････････････････････････ （　　　）ポイント
  寛容さ ･････････････････････････････ （　　　）ポイント
  親しさ ･････････････････････････････ （　　　）ポイント

リストの中を見てみましょう。全部で 7 項目ありますが、最初の"外見"以外の 6 項目はいわゆる"中身"になります。このグループの参加者は 6 項目からなる"中身"に対してあわせて平均で 79 ポイントつけました。

2つ目のグループは以下のリストを受け取りました。このグループも最初のグループと同じ 7 項目について判断するのですが、ご覧のように"中身"の 6 項目が 1 つにまとめられています。

  外見 ･････････････････････････････････ （　　　）ポイント
  中身（頭のよさ・ユーモアのセンス・分別・
    やさしさ・寛容さ・親しさ）･･････････ （　　　）ポイント

このグループの参加者は"中身"に対して 57 ポイントつけました。最初のグループとの差はおよそ 20 ポイントです。単にまとめられただけなのに、6 項目が 1 つずつバラされて個別に並んでいるときより、全体として小さなポイントがつけられてしまいました。

上記の実験は，7項目のうち6項目が"中身"だったので，"外見"と"中身"の項目数にもともと偏りがありました。そこで，"外見"と"中身"を構成する属性を同数にそろえた上でこれらのグルーピング方法を操作した別の実験も実施されました。
　この実験では，1つ目のグループは，外見がまとめられ，中身がバラされました。下のようなリストです。

外見（顔・スタイル） ・・・・・・・・・・・・・・・・・・・・・・（　　　）ポイント
頭のよさ ・・・・・・・・・・・・・・・・・・・・・・・・・・・・・・・・・・（　　　）ポイント
やさしさ ・・・・・・・・・・・・・・・・・・・・・・・・・・・・・・・・・・（　　　）ポイント

　このグループの参加者は中身（"頭のよさ"と"やさしさ"の合計）に対して75ポイントをつけました。
　別のグループは外見がバラされ中身がまとめられました。下のようなリストになります。

顔 ・・・（　　　）ポイント
スタイル ・・・・・・・・・・・・・・・・・・・・・・・・・・・・・・・・・・（　　　）ポイント
中身（頭のよさ・やさしさ） ・・・・・・・・・・・・・・・・（　　　）ポイント

　その結果，先ほどの実験と同じように，中身を重視するポイントは減って57ポイントしかつけられませんでした。
　この実験では，ポイントをつける課題を終えた後に，プロフィールの違う2人の相手のうちどちらとデートしたいか実験参加者に選んでもらいました。選択肢として提示されたのは以下の相手です。

　・中身は平均以上だけど外見は平均レベルの相手
　・外見は平均以上だけど中身は平均レベルの相手

その結果，実験参加者が事前にどちらのタイプのポイント課題に取り組んでいたかによって，デート相手として選びやすいタイプが変わりました。すなわち，ポイント課題で中身を2つにバラされたグループの参加者は全員が中身の優れた相手を選びましたが，ポイント課題で中身が1つにまとめられたグループの参加者は68%しか中身が優れた相手を選びませんでした。

　直前の課題で評価項目を分割されたことで，一方のグループはより中身を重視するようになり，他方のグループはより外見を重視するようになったということです。デート相手として重視する点に変化がおこった結果，それがそのまま相手選びにも影響したと考えられます。

　以上の実験は，評価項目は個別に分けられている方が，意思決定者に重視されやすくなること，また，その重視点の変化がその後の選択にも影響を与えることをあらわしています。

分割の効果③　ホテルを選ぶ

　下の図を見てください。宿泊施設予約サイトの「じゃらんnet」で見かけたあるホテルのクチコミ情報です。利用客が宿泊施設を評価したものになります。"部屋"，"風呂"，"料理（朝食）"，"料理（夕食）"，"接客・サービス"，"清潔感"の6項目について5点満点の評価がついています。

　このホテルは6項目のなかで特に料理が高い評価を受けています。"料理（朝食）"が4.3点，"料理（夕食）"が4.1点となっています。

ホテルのクチコミ評価

（じゃらんnetより https://www.jalan.net 2018年11月23日アクセス）

本書にここまで付き合ってくれた皆さん，料理の項目が2つあることが気になりませんか。サイトでは料理の項目として"料理（朝食）"と"料理（夕食）"の2つが設定されていますが，2つがまとめられて1つの評価項目になっていたらどうでしょうか。"料理（朝食・夕食）"といった項目になり，評価点は朝食と夕食の平均点(4.3+4.1) ÷ 2 = 4.2点になるでしょう。サイト利用者は，朝食と夕食ごとに評価点が設定されている場合と，2つがまとめられている場合で，その宿泊施設に同じ印象を受けるでしょうか。

　他にも気になるところがあります。上記サイトを見てみますと，"接客・サービス"という項目があります。1つにまとめられていますが，これは"接客"と"サービス"に分けてもいいかもしれません。

　さらに，"清潔感"は独立した項目となっていますが，"部屋"と一緒にまとめたり，"風呂"とまとめてもいいかもしれません。

　こうした違いによって，サイト利用者が宿泊施設にいだく印象や，最終的に選ぶ施設に違いは出てこないのでしょうか。こうした問題意識にたち，宿泊施設の評価項目の構成方法がサイト利用者に与える影響をきちんと調査した研究があります（文献[22]）。この研究では，実験参加者にいくつかのホテルを提示して，気に入ったホテルを選んでもらいました。実際にはやや複雑な手続きで実験をしているのですが，条件や手続きを簡略化して説明します。

　実験参加者は，ホテルAとホテルBの評価が載ったリストを受け取り，どちらか気に入ったほうを選ぶように言われました。参加者は3つのグループに分けられました。1つ目の参加者グループは下のようなリストを受け取りました。

	ホテルA	ホテルB
部屋（清潔さ・快適さ）	4.0	2.0
ホテル（サービス・コンディション）	2.0	4.0

3章　選択肢を分割する効果——選択に働きかける3

　ホテルAは"部屋(清潔さ・快適さ)"という項目の評価が高く,ホテルBは施設全般をあらわす"ホテル(サービス・コンディション)"という項目の評価が高くなっています。ちなみに,コンディションというのは,建物の古さなどをあらわします。このリストを与えられた参加者の84%がホテルAを選びました。この参加者グループの反応を実験全体のベースラインと考えると,研究の参加者たちは全体的に,"ホテルのサービスやコンディション"よりも,"部屋の清潔さと快適さ"を重視する傾向があるといえそうです。

　2つ目の参加者グループは,"部屋(清潔さ・快適さ)"が"部屋の清潔さ"と"部屋の快適さ"に分割されたリストを与えられました。下のリストを見てください。分割されてできた2つの項目の平均点は分割前の点数と同じになります。つまり,ホテルAの"部屋の清潔さ"と"部屋の快適さ"の平均を出して"部屋(清潔さ・快適さ)"の得点を計算すれば(4.5+3.5)÷2＝4.0となり,ホテルBの"部屋の清潔さ"と"部屋の快適さ"の平均を出して"部屋(清潔さ・快適さ)"の得点を計算すれば(2.5+1.5)÷2＝2.0となります。最初のグループと同じ得点構造のホテルを比較するわけですから,2つ目のグループも最初のグループと同じような選択をすることが予想されます。

	ホテルA	ホテルB
部屋の清潔さ	4.5	2.5
部屋の快適さ	3.5	1.5
ホテル(サービス・コンディション)	2.0	4.0

　しかし,2つめのグループでは,最初の参加者グループよりさらに多い98%もの参加者がホテルAを選びました。

　なぜ最初のリストより2番目のリストでホテルAが魅力的に見えるのでしょうか。それはおそらく,最初のリストではホテルAは一方の項目でホテルBより優れて他方の項目ではホテルBより劣る(1

勝1敗）印象をもたらしますが，2番目のリストでホテルを比較すると"部屋の清潔さ"と"部屋の快適さ"の2点で優れて"ホテル（サービス・コンディション）"で劣る（2勝1敗）印象をもたらすからでしょう。ベースラインを振り返れば，ただでさえ"ホテル"より"部屋"を重視する傾向が強い参加者たちです。そのことを考慮に入れると，"部屋"が2つの点において優れているという印象を与える2番目のリストはホテルAに非常に有利に働いたと考えられます。

3つ目の参加者グループが受け取ったリストは，"部屋"の評価がまとめられ，"ホテル"の評価が2つに分割されました。下のリストになります。分割された"ホテルのサービス"と"ホテルの状態"の2項目の平均点は，分割前の"ホテル（サービス・コンディション）"の点数と同じです。ですので，3つ目のグループが受け取ったリストも，1つ目のグループと2つ目のグループが受け取ったリストと同じ得点構造となります。

	ホテルA	ホテルB
部屋（清潔さ・快適さ）	4.0	2.0
ホテルのサービス	2.5	4.5
ホテルのコンディション	1.5	3.5

このリストを受け取った参加者グループでは，ホテルAを選んだのは80％となり，3つの参加者グループの中で最低の選択率となりました。この実験に参加した人全体に見られた"部屋"を重視するという圧倒的な傾向を打ち消すほどの効果はありませんでしたが，2つに分割された"ホテル"を重視する傾向が強まったといえます。

車の故障原因の可能性を判断する研究とパートナー選びの研究で得られた結果と一貫して，ホテルの実験結果も，特定の評価項目が細かく分割されると，全体の判断の中でその項目が重視される傾向が強まるということを示しています。

意思決定者は情報としては同じ内容を受け取っているのですが，評価・判断する項目が統合されているか分割されているかによって，意思決定が一定の方向に偏ります。分割されて独立した1つの評価項目になると，存在感が増し，全体の判断の中での比重が増えるのに対して，統合されると個別の項目のときに受けていたほどは重視されなくなるといえます。

　以上の実験で見てきたことと同じことが，よく使われる宿泊施設予約ネットでも起こっていると予想することは自然なことでしょう。先の例のじゃらんnetでは食事が"朝食"と"夕食"の2つの項目に分かれていました。サイト利用者はそれらが"食事（朝食・夕食）"とまとめられる場合よりも，食事を全体の中で重視することになると予想できます。食事に腕の覚えがある宿泊施設にとってはこの集計形式はプラスに働き，食事がイマイチな宿泊施設にはマイナスに働くのではないでしょうか。また，接客とサービスを"接客・サービス"とまとめていました。これらに力をいれている宿泊施設にとってはマイナスに働き，力をいれていない宿泊施設にとってはプラスに働くと予想できます。

　このような「商品をおすすめする」ためのウェブサイトの設計に関わる人たちは商品情報の構成方法がどのような効果を生み出すのかよく理解する必要があるといえるでしょう。これまで見てきた知見を応用すれば，特定の商品に人気が出るようにすることもできますし，1つの商品に人気が偏らないようにすることもできます。

　マーケッターがサイト上の商品の売れ筋を分析するときも，こうした情報提示の効果に気を配ったほうがよいでしょう。なんらかの商品が選ばれやすいとき，その商品がもともと持っている商品力によるだけでなく，サイトが利用者に提供する情報環境が関係している可能性があるからです。逆に，このようなサイトを使う場合は，そういう意図もあるだろうなということを気に留めながら見れば，役に立つこともあるでしょう。

ZOZOTOWN や BUYMA といったファッションに関わる EC サイトを見ると，さまざまなファッションアイテムが，各サイト独自の方法で分類されていることがわかります。カメラを購入するときも，価格.com と Amazon では分類方法がそれぞれに異なります。こうした分類方法や検索環境は，サイトを作った人がなんらかの意図をこめて作ったのかもしれませんし，たまたまそうなっているだけかもしれません。しかし，どちらにせよ，そのサイト環境がサイト利用者の購買パタンに影響を与えていることは間違いないでしょう。こうした視点からウェブサイトの作りを見るのも面白いかもしれません。

分割の効果④　ワインを選ぶ

　選択肢の分け方やまとめ方が与える影響は誰もが同じように受けるわけではありません。ワインのエキスパートと素人を対象に，グルーピング方法が異なるワインのリスト上で両者の選択を比較した実験があります（文献 [23]）。この実験でワインは 6 種類用意されました。全て列挙すると，イタリアのシャルドネ，オーストラリアのシャルドネ，イタリアのピノ・グリージョ，カリフォルニアのピノ・グリージョ，オーストラリアのソーヴィニヨン・ブラン，カリフォルニアのソーヴィニヨン・ブランです。すべて白ワインを作るためのブドウ品種ですね。なお，リスト上ではいずれも簡単な説明はついていました。

　実験参加者はこれらのワインが載ったリストを受け取り，好きなものを 3 つ選ぶように求められました。このときワインのグルーピング方法が異なるリストを 2 種類用意しました。一方のリストではブドウの品種ごとに 6 種類のワインが 3 つのグループにまとめられました。すなわち，シャルドネ種で 2 種類，ピノ・グリージョ種で 2 種類，ソーヴィニヨン・ブラン種で 2 種類にまとめられました。半数の実験参加者はこのリストでワインを選びました。もう一方のリストでは産地でワインを 3 つにグルーピングしました。オーストラリア産 2 種類，

カリフォルニア産2種類、イタリア産2種類でまとめられました。残り半数の参加者はこのリストで選びました。

その結果、ワインのエキスパートと素人はまったく違う選択傾向を示しました。まず、素人の選択結果を見ましょう。ブドウ品種でグルーピングされたリストを渡されたとき、全品種にまたがるようワインを選んだ人は77%にもなりました。同じく、産地でグルーピングされたリストを渡されたときも、全産地にまたがるように選んだのは77%でした。素人は、品種で分けられていようが産地で分けられていようが、リスト上の3つのグループから1つずつ選ぶという選択方略をとる傾向が強かったといえるでしょう。

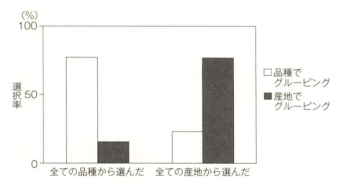

素人のワインの選択（文献［23］より作成）

注：リストのタイプ別に、全てのぶどう品種のワインが選ばれた割合と、全ての産地のワインを選ばれた割合を示す。

次に、エキスパートの選択結果です。エキスパートでは、品種で分けられたときに全品種から選んだのは33%、産地で分けられたときに全産地から選んだのは61%です。素人と比較して、エキスパートは、「品種でグルーピングされた全品種から選ぶ」や「産地でグルーピングされた全産地から選ぶ」という傾向が弱いことがわかりますね。

素人の参加者はリストを受け取ったとき何をどう判断したらよいの

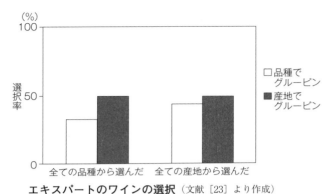

エキスパートのワインの選択 (文献 [23] より作成)

注: リストのタイプ別に, 全てのぶどう品種のワインが選ばれた割合と, 全ての産地のワインを選ばれた割合を示す。

か困惑したと予想されます。私もワインの素人ですが, レストランでなんらかのワインを選ばないといけない状況に陥ったとき, いったい何を選んだらよいのかわからず途方に暮れます。簡単な説明は与えられてはいたものの, それらのワインがどんな味覚的な特徴を持っているのか, ましてや, どのワインが自分の口に合うのかまるで分からない人が大半だったはずです。このような素人にとって, 品種や産地などの情報はワインを選択するうえで重要な情報になります。品種のことも産地のこともよくわからないが, 判断する手がかりになるものはそれくらいしかないから, それぞれから1つずつ選んでみようとしたのだと考えられます。それに対して, エキスパートの参加者は, それぞれのワインがどんなワインであるのかある程度見当をつけることができたと予想されます。また, 自分なりの好みも持っていたでしょう。その結果, リスト上のグルーピングをさほど気にかけずに, 自分なりの基準に従ってワインを選んだといったところでしょうか。

自分の嗜好が明確に定まっていれば, 選択肢がどのようにグルーピングされていても, それを気にすることなく, 自分の基準で意思決定ができるはずです。その選択課題において自律的に決定するだけの知

識，関心，意欲が十分でない人において，選択肢の分割などの外的な環境である選択アーキテクチャから受ける影響が強くなるといえるでしょう。

分割の効果⑤　防衛政策を判断する

　最後に国の防衛政策について考えてみましょう。アメリカなどの日本の同盟国が武力攻撃を受けたときに，この攻撃を日本への攻撃とみなして，攻撃した相手に反撃する権利を集団的自衛権といいます。戦後，平和憲法のもと日本は集団的自衛権を行使しないという立場を守ってきましたが（文献 [24]），2014 年 7 月に安倍政権が集団的自衛権の行使を認める閣議決定をおこなうことになります。この閣議決定に関しては，現憲法との関係でいろいろな議論がありましたが，政府はこれを 1 つのターニングポイントとして，新しい安全保障戦略の策定を進めています。

　日本の集団的自衛権の行使は国内でも国外でも大きな関心を集める問題なので，日本のマスメディアはこの問題に関する国民の意識を調べる世論調査をたくさん実施してきました。

　読売新聞と朝日新聞が 2002 年 3 月から 2014 年 3 月の間に実施した調査は 21 件あります。調査回答者は，集団的自衛権に関する説明を与えられたあと，集団的自衛権を行使しない立場を支持するのか，行使する立場を支持するのかを回答するよう求められました（これらの調査が実施された期間，政府は集団的自衛権の行使を認めない立場にありました）。

　これら 21 件の世論調査の結果を図にまとめます。黒いバーは行使容認の選択肢を選んだ回答者の割合を示します。白いバーは現状維持，つまり行使を認めない選択肢を選んだ回答者の割合を示します。なお，調査では無回答者などもいましたが，ここでは重要ではないので省略します。黒と白のバーを比べて黒いバーが高いときはその調査で行使

容認を支持した人が多数派で、白いバーが高いときは現状維持を支持した人が多数派ということになります。

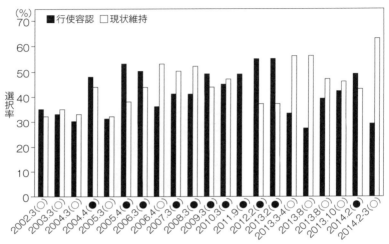

集団的自衛権をめぐる世論調査の結果（文献[25]より作成）

注：● ＝［行使容認選択肢2個，現状維持選択肢1個］，○ ＝［行使容認選択肢1個，現状維持選択肢1個］
注：「回答なし・その他」は省略

非常に拮抗した結果になっています。現状維持が多数派になった調査が12件，行使容認が多数派になった調査が9件です。また，この図を見ていると，どちらが優勢であるという時期もはっきりなく，めまぐるしく結果が入れ替わっているように見えます。たとえば，最後の2つの調査をとりあげると，2014年2月実施の調査では行使容認派が49％で現状維持派が43％であったのに，2014年2～3月実施の調査では行使容認派が29％にまで下がり現状維持派が63％となっています。ほとんど同じ時期に実施した調査なのに，どうしてこんなに結果が違うのでしょうか。

ここで，この2つの調査で実際にどんな設問と選択肢が使用された

かを見てみましょう。

読売新聞調査（実施：2014年2月22日・23日）(文献 [26])
　日本と密接な関係にある国が武力攻撃を受けたとき，この攻撃を，日本の安全を脅かすものと見なして，攻撃した相手に反撃する権利を「集団的自衛権」と言います。これまでの政府の見解では，日本もこの権利を持っているが，憲法の解釈上，使うことはできないとしています。この集団的自衛権について，あなたの考えに最も近いものを，1つだけあげて下さい。
・憲法を改正して，集団的自衛権を使えるようにする
・憲法の解釈を変更して，集団的自衛権を使えるようにする
・これまで通り，使えなくてよい

朝日新聞調査（実施：2014年2月12日〜3月24日）(文献 [27])
　集団的自衛権についてうかがいます。日本にとっての集団的自衛権とは，同盟国やその軍隊が攻撃されたときに，日本が攻撃されていなくても，日本に対する攻撃とみなして一緒に戦う権利のことです。日本はこの権利を持っているが，憲法第9条により行使できない，というのが政府の解釈です。集団的自衛権についてどのように考えますか。
・使えない立場を維持する
・使えるようにする

　2つの調査には違いがたくさんあります。設問を見れば，読売新聞の調査では集団的自衛権の行使がやや肯定的に記述され，朝日新聞の調査ではやや否定的に記述されています。これだけでも興味深いのですが，ここでの私たちの関心はそこではなく選択肢にあります。特に，選択肢の数に注目しましょう。読売新聞調査では行使容認の選択肢が2つで現状維持の選択肢が1つなのに対して，朝日新聞調査では行使

容認の選択肢も現状維持の選択肢も1つずつとなっています。

　集団的自衛権が行使できるようにする政治的な手続きは大きく、憲法自体を改正する方法と憲法解釈を変更する方法があります。日本が直接攻撃を受けたわけではなくアメリカなどの国が攻撃を受けたときに、攻撃を仕掛けてきた相手に日本が反撃するのは日本が掲げる平和憲法と相容れないという考えに立てば、集団的自衛権の行使を認めるには憲法を改正する必要があります。しかし、憲法を改正するには、衆議院と参議院のそれぞれで3分の2以上の賛成が必要になり、さらに国民投票で過半数からの賛成が必要になるという高い壁があります。そこで、憲法を改正しなくても集団的自衛権が行使できるように、憲法自体ではなく、憲法の解釈を変更するというのが、もう1つの行使容認の選択肢の意味になります。読売新聞調査で行使容認の選択肢が2つあったのは、そうした政治的な手続きの違いも含めて質問がおこなわれたということです。

　政治的な議論はさておき、この章のこれまでの話からすると、行使容認の選択肢を2つに分割すると、それが1つしかない場合よりも、全体として選択される割合が高くなると予想されます。それぞれの選択率を確認してみましょう（無回答は省略）。

読売新聞調査（実施：2014年2月22日・23日）（文献 [26]）
・憲法を改正して、集団的自衛権を使えるようにする ········22%
・憲法の解釈を変更して、集団的自衛権を使えるようにする ··27%
・これまで通り、使えなくてよい ···························43%

朝日新聞調査（実施：2014年2月12日～3月24日）（文献 [27]）
・使えない立場を維持する ·································63%
・使えるようにする ·······································29%

　読売新聞調査の行使容認の選択率は22+27 = 49%で、朝日新聞調

査の行使容認の選択率は29%となっています。たしかに,行使容認の選択肢が2つある場合のほうが1つの場合よりも支持される割合が高くなっています。

　この傾向を21件の世論調査全体でも確認してみましょう。21件の世論調査で,"行使容認"の選択肢が2つある調査は11件,1つの調査は10件となります。先ほどの「集団的自衛権をめぐる世論調査の結果」の図に戻りましょう。行使容認の選択肢が2つの調査には●で印を,行使容認の選択肢が1つの調査には○で印をつけました。すると,●印がついた調査では黒いバーが高く,○印がついた調査では白いバーが高くなる傾向にあることがわかります。つまり,行使容認が多数派になった調査と現状維持が多数派になった調査が,その調査で用いていた行使容認の選択肢の数と非常にきれいに対応しているのです。行使容認の選択肢が2つの調査11件のうち行使容認が多数派になったのは8件ありますが,行使容認の選択肢が1つの調査10件のうち行使容認が多数派になったのは1件に過ぎません。

　以上から,行使容認の選択肢を2つにしているか1つにしているかによって世論調査の結果が大きく変わると結論づけてしまってもほとんど問題ないでしょう。ただし,念には念をということで,細かい部分を見ていくと,21件の調査は集団的自衛権行使に関する記述が一貫しておらず,それが肯定的に記述された調査も否定的に記述された調査も入り混じっていることに気がつきます。たとえば,例としてとりあげている読売新聞調査は,行使容認の選択肢が2つあっただけではなく,設問でも選択肢でも集団的自衛権を行使することが肯定的に記述されているので,そのために行使容認の選択肢が選ばれやすくなっていた可能性も考えられます[1]。

　そこで,私たちの研究グループで,集団的自衛権に関する表現を固定した状態で行使容認の選択肢の数を操作したときに,実際に行使容

---

　　[1]　なお,いずれの調査も調査対象者を無作為に抽出しているので,回答者集団による回答の偏りはないと考えられます。

認の選択肢の選択率に変化が起こるかを確かめる調査をおこないました（文献 [25]）。その調査で使用した選択肢セットと選択率の一部を示します。なお，調査実施日は 2014 年 4 月 11 日と 12 日です。

選択肢セット①：[行使容認 2 個，現状維持 1 個]
・憲法を改正することによって行使できるようにする ……… 30%
・政府による憲法解釈を変更することによって行使できる
　ようにする …………………………………………………… 27%
・行使できない立場を維持する ……………………………… 43%

選択肢セット②：[行使容認 1 個，現状維持 1 個]
・憲法を改正することや，政府による憲法解釈を変更する
　ことによって行使できるようにする ……………………… 45%
・行使できない立場を維持する ……………………………… 55%

その結果，行使容認の選択肢が 2 つあるときは回答者の 57% が行使容認の選択肢を選び，選択肢が 1 つのときは回答者の 45% が行使容認の選択肢を選びました。純粋に選択肢が分割されたことで選択率が変化したことが確かめられたといえます。

選択肢の操作で世論は変わるか

以上の結果は選択肢を分割したり結合したりすることによって世論調査の結果を特定の方向に偏らすことができることを意味します。新聞社が意図的に操作していると断定することはできませんが，こうした分割と結合の効果が一層強まるような文言で作り直した設問や選択肢を用いた調査があります（先ほどの 21 件の調査には含めなかった調査になります）。2014 年 5 月に読売新聞が実施した調査で使われた選択肢とその選択率は次のようになります。なお，設問部分は先ほどの読

売新聞調査と同じです。

読売新聞調査（実施：2014年5月9日〜11日）（文献[28]）
・全面的に使えるようにすべきだ・・・・・・・・・・・・・・・・・・・・・・・・・・・8%
・必要最小限の範囲で使えるようにすべきだ・・・・・・・・・・・・・・・63%
・使えるようにする必要はない・・・・・・・・・・・・・・・・・・・・・・・・・・・25%

　行使容認の選択肢を"全面容認"と"限定容認"の2つに分割しています。極端な選択肢にはさまれると中間選択肢が選ばれやすくなる妥協効果（compromise effect; 文献[29]）という現象があるのですが、この妥協効果も狙った選択肢セットのように見えます。この調査での行使容認の支持率は計71%となり、私の知る限り、集団的自衛権に関する過去の世論調査全ての中で最も高い支持率となっています。
　2014年4月に朝日新聞が実施した調査も見てみましょう。

朝日新聞調査（実施：2014年4月19日・20日）（文献[30]）
　集団的自衛権についてうかがいます。集団的自衛権とは、アメリカのような同盟国が攻撃された時に、日本が攻撃されていなくても、日本への攻撃とみなして、一緒に戦う権利のことです。これまで政府は憲法上、集団的自衛権を使うことはできないと解釈してきました。憲法の解釈を変えて、集団的自衛権を使えるようにすることに、賛成ですか。反対ですか。
・賛成・・27%
・反対・・56%

　この設問は集団的自衛権を行使すること自体に賛成か反対かをたずねるわけではなく、憲法解釈を変更して行使することに賛成か反対かをたずねています。つまり、憲法を変更して集団的自衛権を行使したいと強く考える人もこの質問では反対と回答する可能性があります。

そうだとすれば，単純に集団的自衛権行使に賛成か反対かをたずねた場合よりも，より多くの人が"反対"を選ぶことになります。その結果，ご覧の通り，27%の人しか賛成していません。この数字も私が知る限り，行使容認を支持する割合としては最小の値になっています。

2014年の4月と5月というほとんど同じ時期に実施された2つの調査ですが，集団的自衛権の行使に対して，一方では71%が肯定的な反応を示しているのに対して，他方では27%しか肯定的な反応を示していないとは，面白いですね。

世論調査は政府などの政策決定に影響を与えます。もしマスメディアが自社の政治的志向性にあう結果を導く調査を設計・実施したらどんなことが起こるでしょうか。71%が集団的自衛権の行使を容認したとする読売新聞社の調査結果について，当時の与党責任者であった高村正彦副総裁は「国民的理解が得られつつあるという結果だ」と発言しています。しかし，すでに確認したように，この調査で用いられた選択肢は行使容認の選択率を最大化するようなかたちで設計されていたわけです。この調査結果だけに基づいて行使を容認する閣議決定まで政策が推し進められたわけではありませんが，与党・政府のその後の動きの後押しになったと考えられます。

まとめ

ワインのグルーピングの研究を紹介したとき，選択肢を分割することによる影響は，当該問題について明確な嗜好や考えを形成していない個人に強くあらわれることを確認しました。そのことを考えると，集団的自衛権の世論調査において多くの有権者が選択肢セットの構成によって影響を受けていた事実は，当時有権者の多くが集団的自衛権についてまだ明確な意思を持っておらず，世論が熟成していなかったことを示唆しています。短期的に見ても長期的に見ても調査結果がほとんど一貫していなかったことは，集団的自衛権についてもっと多く

の情報を国民に提供し,国民的熟議を活性化させることが必要であったことをあらわしているといえるのではないでしょうか。71%支持や27%支持といった表面的な数字だけを追うのではなく,世論調査と選択肢の関係を落ち着いて眺めることで,社会に対する理解が深まるのではないかと思います。

4章 よい働きかけとはどういうものか
——選択に働きかける 4

　選択アーキテクチャの力を利用することで，個人の選択を外部から操作・支援することが容易にできます。しかし，社会において選択アーキテクチャの力を利用した働きかけを実際に使うことを無条件に進めてもよいものでしょうか。この章では，選択アーキテクチャの力を実際に利用するときに見過ごされがちな問題について検討します。まず，選択を自発的におこなうことが持つ力について検討します。選択アーキテクチャの力を利用した働きかけがおこなわれるとき，選択結果に焦点があたりやすく，その選択が自発的におこなわれるかどうかについてはあまり関心が向けられません。自発的に選択することがもたらす心理学的な効果について考えます。次に，選択アーキテクチャは表面的に選択を方向づけるだけでなく，選択についての意識まで変える可能性があることを見ます。最後に，選択を操作・支援する取り組みはどのような条件ならば社会や個人に受け入れられるのか，その倫理的な問題について検討します。

選択アーキテクチャにはさまざまな問題がある

　これまで生活のさまざまな場面で，私たちの判断と決定が選択アーキテクチャの影響にさらされていることを見てきました。臓器提供者（ドナー）になるかならないか。がん検診を受けるか受けないか。政府の防衛政策を支持するか支持しないか。いずれも一筋縄にはいかない問題でしょう。しかし，こうした問題に関する人びとの行動を，デフォルトを変更したり選択肢を分割したりするだけで，簡単に，かつ，

即効性をもって，変化させることができることを見てきました。

　選択アーキテクチャの力を利用した働きかけは，これまで容易には解決できなかったさまざまな社会課題に新しい解決の糸口をもたらし，実際にその解決に大きな貢献を果たしています。仕組みとして簡単に導入しやすいことや即効性から，その設計者にとって，魅力的な課題解決方法に見えるでしょう。

　しかし，この章では，選択アーキテクチャの力を利用した働きかけを導入することを急ぐ前に，選択アーキテクチャを用いた働きかけをおこなうときに見過ごされがちな問題について考えたいと思います。大きく以下の３点を検討します。

　まず，1番目には，意思決定者が何を選ぶかという選択結果ではなく，「選択する」という行為自体が選択者にもたらす心理的な作用について考えます。

　選択アーキテクチャの力を利用した働きかけについて考えるとき，主に関心が向けられるのは意思決定者が選択する選択肢だといえます。ドナーになるのかならないのか。防衛政策を受け入れるのか受け入れないのか。意思決定者が「最終的に何を選んだか」について関心が向けられます。

　しかし，最終的な結果だけに注目すると，たとえば，ある選択肢を自発的に選んだ人と，その選択肢を拒否しなかったために（消極的に）受け取ることになった人を区別しないといったことがおこります。確かに，自発的に選択肢を選んだ人も，受身で選択肢を受け入れた人も，手に入れる選択肢は同じです。しかし，自発的に選ぶ行為には，自ら選択する楽しさや苦しさ，あるいは責任などの経験が伴います。こうした経験が選択した後の行動になんらかの影響を与えることはないのでしょうか。単純に結果だけに注目していてはわからないことです。どのように選択肢を手に入れるかということも，生活の中で選択に働きかけるときに見落としてはいけない重要な点となるかもしれません。

　2番目に，選択アーキテクチャが選択や選択肢の意味に与える影響

について考えます。選択アーキテクチャは選択に影響を与えるもので，選択や選択肢それ自体の意味に影響を与えるというようにはあまり考えられていません。たとえばデフォルトは「ドナーになる」か「ドナーにならない」かの選択に影響を与え，ドナーになる意味や意義については何も働きかけていないように見えます。選択アーキテクチャのもとで影響を受けるのは表面的な行動だけであって，意思決定者の内面には影響が及んでいないように見えます。

　確かに，デフォルトは，そのアーキテクチャの下でおこなわれる選択の生起頻度に単純に影響を与えるだけです。しかし，ドナー候補者が多い社会と，ドナー候補者が少ない社会で，ドナーになるという決定は同じ意味を持つことができるでしょうか。なかなかドナーが集まらない社会において，ドナーになるという決定はより重大な事柄として人びとに意識される可能性はないでしょうか。反対に，多くの人がドナーになる社会においては，ドナーになるという決定が特別ではないこととして捉えられる可能性はないでしょうか。

　3番目に，選択アーキテクチャの力を用いた働きかけがもつ倫理的な問題について検討を加えます。生活のさまざまな選択場面で選択アーキテクチャの力を用いた働きかけが浸透しつつあります。こうした働きかけにさらされる人たちはどのように考えているのでしょうか。

　選択アーキテクチャの設計者が悪意にもとづいて働きかけをおこなっていたら，当然人びとは反発するでしょう。では，善意で働きかけていたらどうでしょうか。この問題の難しいところは，アーキテクチャによる働きかけは「本人の自覚なく特定の方向に選択を方向づける」ところにあります。他人から知らない間に選択を誘導されることに気味悪さを感じる人は少なくないでしょう。こうした働きかけは無条件に許されるのでしょうか。意思決定者の自律と自由について考えます。

「する」と「しない」は同じか

　選択アーキテクチャの力を利用することで人びとの選択を容易に操作・支援することができます。選択アーキテクチャの影響力について議論されるとき，多くの場合，個人もしくは社会全体でどのような選択がおこなわれやすいかに関心が向けられやすいといえます。

　「ドナーになる」か「ドナーにならない」か。現行の防衛政策に「同意する」か「同意しない」か。最終的な選択結果こそ重要であり，そこに焦点が当たります。それに対して，決定する行為自体が決定者のその後の行動や心理に与える影響はあまり注目されていない印象を受けます。

　たとえば，チームでなにか活動をするとき，そのメンバーを自分で選んだ場合と，あらかじめメンバーが決められていた場合の2つでは，あなたはどちらも同じようにチーム活動に取り組むことができるでしょうか。メンバーに対して同じように振る舞えるでしょうか。コンテストで他のチームに勝ったときに同じくらい誇らしい気持ちになるでしょうか。

　自発的に選ぶ行為には，自ら選択する楽しさや苦しさ，あるいは責任などの経験が伴います。自発的に選択したかどうかには関心を向けず，単に意思決定者がどんな選択肢を受け取ったかだけに焦点を当てて選択アーキテクチャの影響力を評価すると，選択が選択者にもたらすそうした心理的な効果を見落とすことになります。

「する」が満足に与える効果

　まず，選択を自由にできる環境では，同じ選択肢を単に受け取れるだけの環境よりも，生活に対する満足や喜びが高まることを見ましょう。高齢者介護施設で生活する入居者を対象とした実験があります（文

献［31］）．

　この実験では，入居者を2つのグループに分け，選択の自由度が異なる環境で生活を送ってもらいました．半数の入居者は，標準的な介護施設と同じく，ある程度自由に過ごすことは許されつつも，職員によって生活全般が管理されました．具体的には，テレビやおしゃべりなどは自由に楽しめますが，一人ずつに配られる植木鉢は職員が世話をし，施設内での映画上映日も職員が予定を組みました．残り半数の入居者には，もっと大きな自由を与えました．テレビやおしゃべりなどは同じく自由に楽しめる上に，植木鉢も自分で選び，映画上映日も自分たちで決めることができました．

　植木鉢の世話をするかしないかなどの違いはあったものの，それ以外の点について，職員はどちらの入居者にもまったく同じように接していました．映画もどちらのグループも週に1回同タイトルを見ている点では同じでした．しかし，3週間後の調査では，より多くの自由が与えられた入居者のほうが，生活への満足が高く，他の入居者との交流も活発であることが確認されました．さらに健康状態が改善されたことも報告されています．さらに6ヵ月後の調査では，自由が大きかった入居者のほうが死亡率が低かったことも報告されています．

　論文の著者である社会心理学者のランガーは，「自分で環境をコントロールしている」という意識を持つことが，ストレスや不安を軽減し，日々の生活の満足感と精神的な健康を高めることになったと論じています．

　また，食べ物を使った実験でも，自分で選ぶと満足が高まることが確認されています．消費者行動の研究者であるボッティとマギルがおこなった実験では，ブレンドコーヒーを4つ用意し，そのうちいずれかを実験参加者に試飲してもらいました（文献［32］）．コーヒーには香りや口当たりの良さに関する説明をつけ中身が違うように見せかけましたが，実際には同じ中身でした．半数の参加者はそれらの説明をみてコーヒーを選んで試飲しました．残り半数の参加者は，実験者か

ら渡されたコーヒーを試飲しました。その結果、自分でコーヒーを選んだ参加者のほうが、コーヒーに対する満足感が高いことが確認されました。

　これらの実験結果は、自分の意思で選べる環境にいることや、実際に自分の意思で自由に選ぶことは、その環境や選択結果をより肯定的に受け入れることにつながることをあらわしています。選択アーキテクチャの設計者にしてみれば、しばしば自分たちが与えるサービスや選択肢が最終的にどれほど行き届いたかという結果に注目する傾向があります。しかし、人びとの生活に対する満足や幸福は、実際に手に入る選択肢によって直接的に決まるというよりは、自分の意思で選べるという認識や自分の意思で選んだという経験によって大きく変わるのです。選択結果だけを追求して選択環境を設計するのでなく、それが得られるプロセスにも配慮して選択環境のあり方を考える必要があるといえるでしょう。

「する」と「しない」から行為者の意図を読み取る

　結果だけで判断すれば、ある選択肢を自発的に選択した人と、非自発的にその選択肢を受け入れた人は区別されません。臓器提供では、自発的に同意したことによってドナーになった人も、ドナーになることを拒否しなかったことによってドナーになった人も同じ「ドナー候補者」として区別しないわけです。しかし、「変更がなければデフォルトを選んだことにする」というルールを勝手にあてはめることで、非自発的に受け入れた人を「選択者」とみなしているだけなので、その選択者がどういう思いでその選択肢を受け入れていたかは、実際のところはわからないですよね。

　私たちが他人の行為を観察するときについて考えてみると、自発的な行為と非自発的な行為に対して、異なる意味の読み取り方をしていることに気がつきます。

駅前で市民団体が署名運動をしているとします。近くを通りかかった知人が足をとめて署名に協力しているのをあなたは見かけました。あなたはこの知人の行動を見て,どのような人だと思うでしょうか。知人はこの市民団体に肯定的な考えを持っていると思いますか。否定的な考えを持っていると思いますか。あるいは,どちらともいえないでしょうか。

　次に,別のシーンを想像してもらいます。別の知人が通りかかったとします。しかし,その知人は署名せずにそのまま去っていきました。あなたはこの知人をどのような人だと思うでしょうか。市民団体に肯定的な考えを持っていると思いますか。否定的な考えを持っていると思いますか。あるいは,どちらともいえないでしょうか。

　最初の知人は自ら署名しました。自発的に署名したのですから,市民団体に肯定的な考えをもっていると推測できます。その一方で,2番目の知人は署名しませんでした。署名をしなかったのだから,最初の知人が署名をした場合と逆に,市民団体に否定的な考えをもっていると推測することはできるでしょうか。

　なにかをしなかったことは,なにかをしたことと比べて,その行為が持つ意味が曖昧になります。2番目の知人は,市民団体の主張に賛同しなかったために署名しなかった可能性もありますが,単に時間がなかったために署名しなかったのかもしれません。あるいは,あなたに見られていることに気がついて,署名しているところを見られたくないと思って署名しなかったのかもしれません。

　「する」と「しない」では,その行為をおこなった人物の内面をうかがい知ることができる程度において大きな違いがあります。自発的にドナーになる人と,拒否しなかった結果としてドナーになる人を,「臓器提供に同意した人」として同じように扱うことは,これらの人びとの間にあるなんらかの態度や考え方の違いを見落とすことになるかもしれません。どちらも選択肢を同じように受け入れたかのようにみなすことには無理があるといえるでしょう。

4章 よい働きかけとはどういうものか——選択に働きかける 4

「署名すること」からは、その人物がその活動に賛同する態度を持っていることがわかるが、「署名しないこと」からは、その人物の内心はわからない

「する」は心理的な関与を高める

　「する」は多くの場合「しない」よりも明確な意思表示になります。その結果、「する」は「しない」と比べてその行為をおこなった人物

の内面をうかがい知る手がかりとなるという話をしました。

ここで視点を変えてみます。行為をおこなった他人を観察するときではなく、その行為をおこなった当人にとって「する」と「しない」がどんな違いを生み出すかを考えてみましょう。

ボランティアに参加することを頼まれたとします。自発的に協力すると返事をして、ボランティアに参加することになった人たちがいます。一方で、依頼を断らなかったのでボランティアに参加することになった人たちもいます。どちらも依頼を受け入れたとみなすことができます。このとき両者はボランティアに同じように取り組むのでしょうか。自発的に協力を表明した行為はそれ自体が本人のその後の活動になんらかの影響を与えることはないのでしょうか。

社会心理学者のサイオッフィとガーナーはこうした視点から実験をおこないました（文献 [33]）。実験では、大学生にボランティアに参加するように依頼をしました。このとき、回答フォーマットで2つのグループが作られました。半数の参加者は次のような返答欄が与えられました。

□ ボランティアに参加します

ボランティアに参加するなら□欄に✔を入れます。参加しないなら✔はつけません。一方、残り半数の参加者は次の返答欄が与えられました。

□ ボランティアに参加しません

ボランティアに参加しないなら□欄に✔を入れます。参加するなら✔はつけません。

それぞれの回答形式で参加意思を回答してもらったあと、全員にどのくらい参加意欲があるのかについてもたずねました。「非常に参加

意欲がある」から「まったく参加意欲がない」といった数段階からなるスケール上で参加意欲の強さを回答してもらいました。

その結果，同じ「参加する」であっても，回答形式が違うと参加意欲が変わることが確認されました。つまり，「□ ボランティアに参加します」という返答欄で✔を入れた人たちは，「□ ボランティアに参加しません」という返答欄で✔を入れなかった人たちよりも，高い参加意欲を示したのです。さらに，数週間後に同じ質問をしても✔を自発的に入れた人たちの参加意欲は高いままでした。参加を自発的に表明した学生は参加意欲を高めたのです。

自発的に参加意思を表明した学生の参加意欲はなぜ高くなったのでしょうか。自発的に✔をつけるとき，✔をつけない場合と比べて，その決定の責任が重くなるように感じませんか。自発的に何かしらの反応をとるとき，それは自らの意思を公けに表明した状況であるといえます。先ほど，他人を観察するとき，自発的な行為にはその人物の明確な意思が認められやすいと指摘しましたが，同じことが自分自身のことについてもいえるのです。✔をすることで自発的に参加を表明した学生は，ボランティアに参加する自覚を深め，参加意欲を高めるようになったと考えられます。自発的に反応したという事実が，その後の行動に影響を及ぼす力を持つようになったといえるでしょう。

これに類似した研究として，子供たちにオモチャの面白さを評価してもらった実験があります（文献[34]）。社会心理学者による実験です。この実験は2つのパートから構成されました。最初のパートでは，いくつかのオモチャを見せてその面白さを判断してもらいました。このとき半数の子供たちには，オモチャが「面白い」ときにボタン押しをしてもらいました。残りの子供たちには「面白くない」ときにボタン押しをしてもらいました。次の実験パートでは両方のグループに全てのオモチャをもう一度渡して，1つずつどのくらい面白いかを評価してもらいました。

その結果，ボタン押しされたオモチャはより極端な評価を受けるよ

うになりました。つまり、ボタン押しをすることによって「面白い」と評価されたオモチャは「面白くない」ときにボタン押しをされなかったオモチャ（つまり、面白いオモチャ）よりも、「面白い」と評価され、ボタン押しをすることによって「面白くない」と評価されたオモチャは「面白い」ときにボタン押しをされなかったオモチャ（つまり、面白くないオモチャ）よりも「面白くない」と評価されたのです。

　ボランティアの実験と同じく、自発的に反応をすることで、その決定に心理的な関与が深まり、最初のボタン押しの決定と一致するように評価を高めたり低めたりしたと考えられます。

　選択アーキテクチャの力を利用した働きかけをおこなうとき、しばしば意思決定者の自発性や意識関与を高めることなく決定を誘導しようとします。そして、最終的な選択結果だけを基準に、働きかけの効果や成否が論じられることがあります。しかし、ここで見た研究からは、自発的に決定がおこなわれるときには、心理的な関与が深まり、ボランティアでの高い参加意欲につながったり、その意欲が持続することがあったりすることが確かめられました。こうした知見からすると、意思決定を求める場面において、自発的な決定をもっと積極的に求めてもいいかもしれません。意思決定者の自発性に関係なく、選択結果を追求する働きかけは、選択によって得られるその他の心理的な効果を犠牲にすることがあるといえるでしょう。

デフォルトは規範を変える

　大学の授業で受講生に、免許証の裏などで臓器提供の意思表示をしているかどうかを質問したことがあります。

　私を含めて、ほとんどの学生が意思表示をしていませんでした。ほとんどの学生が意思表示をしていなかったことは、臓器提供に関する意思決定はすぐには決めかねる「重たい」問題であったことを示しているように見えます。電車で誰かに席を譲るくらいの気軽さで決める

ことのできる問題であったなら，もっとたくさんの学生が意思表示をしていてもおかしくなかったはずです。自らの決意が試される重大な問題に直面して，決定を保留してしまっていたのではないかと思われます。

なぜこれほど重たく感じるのでしょうか。たとえば，心臓などの臓器を提供する前提の1つとなる脳死をそもそも人の死とみなしていいのかという身体観あるいは生命観に根ざす戸惑いがあるかもしれません。あるいは，自分の気持ちだけでなく残された家族の気持ちも考える必要があるから迂闊に判断できない人もいるでしょう。あるいは，脳死と誤診されたケースが過去にあること（文献［35］）などから臓器移植の仕組み全体に不信感を抱いているからかもしれません。

こうしたさまざまな理由によって，臓器提供に同意するかしないかという重大な決定に尻込みしてしまう。その結果，デフォルトの「提供しない」ままとなっている。教室での出来事はそのように解釈することができるかもしれません。

しかし，ここでは，別の可能性について考えます。臓器提供は重大な問題だから，判断を保留し，デフォルトに従っているのではなく，デフォルトのせいで重大な問題だと思ってしまうという可能性についてです。つまり，デフォルトが「提供しない」に設定されていることが，臓器提供に関する決定を重たく感じさせる原因となっていると考えられないでしょうか。

「参加をきちんと表明しなければならない」といういわゆるオプトインの制度のもとでは，何もしなければドナー登録されません（復習ですが，自発的に選択することで選択肢を受け入れたり手に入れたりすることを「オプトイン」と呼びます）。ドナーになるには労力をかけてわざわざその決定をおこなう必要があるので，この制度のもとではドナーになることはハードルが高くなります。そこでドナーになることを選んだ人がいれば，きっと強く明確な意思に基づいて選択をおこなったはずです。臓器を必要とする人を助けようとする利他的な精神

を強く持った人物が思い浮かぶのではないでしょうか。

　それに対して,「参加しないことをきちんと表明しなければならない」ことになるオプトアウトの制度のもとではどうでしょうか（同じく復習ですが,自発的に拒否することで選択肢を受け取らないようにすることを「オプトアウト」と呼びます）。この制度下では何もしないとドナー候補者となるので,ドナーになるハードルは極めて低く設定されているといえます。利他的な精神にあふれた人もいるはずですが,特に深い考えもなくドナーになる道が開かれているのです。

　こうしたことを考えると,オプトインの制度のもとではドナーになるという決定は大きな労力を支払う重大な行為として受けとられやすくなり,オプトアウトの制度のもとではドナーになることに大きな意味は与えられにくくなると予想できないでしょうか。

　このような予想のもと,デフォルトが人びとの臓器提供に関する意識に与える影響を調べた社会心理学者のダヴィダイらの研究があります（文献［36］）。この研究では,臓器を提供する決定がどれほどの重みをもって受け止められるのかについて,デフォルトが異なる文脈で比較しました。

　研究の内容を見てみましょう。いくつかおこなわれたうちの１つの実験では,ドイツとオーストリアでの臓器提供に抱く人々の意識を比較しました。ドイツは同意の意思表示をしなければ同意とはみなさないオプトインの制度を採用しています。オーストリアは拒否の意思表示をしなければ同意とみなすオプトアウトの制度を採用しています。それぞれの国の居住者に臓器を提供することにどれほどの重みを感じるのかをたずねました。

　この実験では質問の仕方に工夫がこらされました。単純に臓器提供がどのくらい重大な決定だと思うかをたずねるのではなく,臓器提供が,募金,納税,投票といったさまざまな行為とどのくらい似ていると思うかを回答してもらいました。

　その結果,ドイツでは臓器を提供する決定は重大な決定と受けとら

4章　よい働きかけとはどういうものか——選択に働きかける 4

オプトインの国では，臓器提供することが大きな決断だと思われるが，オプトアウトの国では特別なこととして受け止められない。

れるのに対して，オーストリアでは比較的軽めに受けとられる傾向があることが確認されました。具体的には，ドイツでは臓器提供することは「年収の 20% を募金すること」と似ていると考えられていたのに対して，オーストリアでは「年収の 2% を募金すること」と似ていると考えられていました。ドイツ人はオーストリア人よりも臓器提供をするという行為により大きな意味を与えているようです。

この結果は，デフォルトの違いが臓器提供の持つ意味や重みに影響を与えていることを示唆します。しかし，こうした結論をくだすにはこの実験だけでは不十分です。もしかしたら，この結果はデフォルトの違いによるものではなく，ドイツ人とオーストリア人がもともと持っている身体観や臓器移植制度への信頼などの違いから生まれてきているかもしれません。

　そこで，追加実験として，同じ国の人を実験参加者とし，他国でおこなわれる臓器提供にどのくらいの重みがあるように見えるかをたずねました。実験参加者はアメリカ人です。対象国はオランダとベルギーです。オランダはオプトインの国で，ベルギーはオプトアウトの国です。オランダとベルギーの制度について説明した後，それぞれの国でおこなわれる臓器提供がその国でおこなわれる他の行為とどのくらい似ていると思うかをたずねました。

　その結果，再びデフォルトによって臓器提供の重みが変化することが確認されました。オプトインのオランダでは臓器提供は重い決定として受けとられ，オプトアウトのベルギーではより軽い決定として受けとられたのです。具体的には，オランダで臓器を提供することは「財産の半分を寄付すること」と同じくらい重みのある決定であるとみなされたのに対して，ベルギーで臓器を提供することは「行列で待っているとき前に人を入れてあげる」行為と「貧しい人のためにボランティア活動をする」行為の中間くらいの重みのある行為であるとみなされました。

　どちらの実験も一貫して，オプトインの制度のもとでドナーになるほうが決定としての重みが強まることが確認されました。選択アーキテクチャは，選択行動を変えるだけではなく，選択に関わる意識，選択の社会的意味まで変える可能性があるといえるでしょう。

　もっと広い視点からこの研究が持つ意味，あるいは示唆することについて考えてみましょう。近代憲法のもとでは，私たちは国家からの制約や強制をうけず自由にものごとを考えて行動できる権利を認めら

れています。自分の臓器を提供するかしないかについても，現制度のもとでは，売買するなどの脱法行為を除いては，国が勝手に決めるのではなく，他ならぬ自分の意思で決めることがらとなります。

　自分の身体をどのようにするのかを自分の意思で決める。大げさにいえば自己のあり方を自らの意思にもとづいて決めるわけですが，こうした決定をおこなうとき，その決定は完全に自分の頭の中だけでおこなうというよりも，周囲の人の行動から大きく影響を受けるはずです。たとえば，残業することが当たり前になっている職場では定時に帰宅することは難しく感じるでしょうが，ほとんどの社員が定時に帰宅する職場では気兼ねなく帰宅することができるでしょう。すぐにメッセージを返すのが暗黙のルールになっている LINE グループで既読無視はしにくいですが，全体的に反応がにぶいグループでは既読無視してもあまり心が痛まないでしょう。社会や組織の中には「〇〇すべきだ」という暗黙の基準や「空気」があり，私たちはそれらに知らず知らずのうちに従って考え，行動をしています。

　ダヴィダイらの研究は，社会や組織の中にあるこうした規範が，デフォルトによって作り出されることを示唆しています。表面的には，デフォルトは単に選択肢の初期値の設定を変えて，一方の選択肢を選びやすくしているだけに過ぎません。ドナーになることの意義や大切さを訴えかけているわけでもありません。しかし，デフォルトは，その効力が及ぶ範囲のもとでおこなわれる選択の生起頻度を偏らせることで，「〇〇すべきだ」という意識や考えを醸成するといえます。

　表面的に外にあらわれる行動にだけ影響を受けているなら，その影響を望まない場合，自らの考えに従ってその影響に対処することもできます。しかし，対処するときに自らの考えがよって立つことになる社会的規範も一定の方向に変化しているといえます。

　他の研究テーマにおいても，制度がしばしばその制度のもとで暮らす人びとの意識に影響を与えることが明らかにされています。たとえば，行動経済学者がイスラエルの保育園でおこなった社会実験があり

ます(文献[37])。閉園時間までに保護者が子供のお迎えにやって来ないことに悩んでいた保育園は遅刻したら罰金を支払ってもらうことにしました。しかし,罰金制度を導入した結果,遅刻が減るどころか,遅刻する保護者が増えてしまいました。なぜでしょうか。罰金制度が導入される前は,保護者は遅刻することに対して申し訳ない気持ちが働いていたと思われます。しかし,制度が変わったあとは,罰金を払えば遅刻しても構わない意識に変わったのだと考えられます。

制度はその下で生活する人びとの意識を形作っているといえるでしょう。どんな選択肢が選ばれるかという表面的な選択結果だけでなく,選択する事柄についての規範や考え方にまで影響を及ぼすなら,私たちは,自分を取り囲む選択アーキテクチャにもっと慎重に向き合わないといけないかもしれません。

選択と自律

選択アーキテクチャはしばしばその影響を自覚させることなく意思決定に影響を与えます。意思決定者本人の意向を考慮しないどころか,本人の意向に反して特定の方向に選択を誘導することもあるでしょう。こうした働きかけは,自らの意思に基づいて,自律的に決定をしたいと考える人にとって受け入れにくく感じるでしょう。この節では,選択アーキテクチャによる働きかけが抱える倫理的な問題について考えます。

第2章でも紹介したセイラーとサンスティーンは,デフォルトをはじめとした選択アーキテクチャを用いた働きかけは,人びとの選択を方向づけますが,選択の自由は守られていると主張しています。

この主張を臓器提供にあてはめてみましょう。確かに,オプトアウトの制度下では,臓器提供を後押しする力が働きます。しかし,本人が望まないのなら,自由に拒否することができます。また,オプトインの制度下においても,臓器提供しない方向に力が働きますが,望ま

ないなら,それを自由に変更することができます。つまり,デフォルトは一定の方向に選択を誘導するのですが,意思決定者にはデフォルトに従わない自由が残されている,ということです。

　誘導していても強制していないわけだから,選択の自由がある。この主張はもっともらしく聞こえます。しかし,なんらかの誘導がおこなわれているとき,実際にどれほどの自由があるのでしょうか。多くの選択アーキテクチャは,その影響を意思決定者に自覚させることなく,選択を誘導すると考えられます。影響を受けていることに気がつかなければ,その影響に対処することは難しいのではないでしょうか。本当に意思決定者の自由や自律は守られているのでしょうか。

　話を進める前に,あらためて臓器提供に関する意思を確認する方法を整理させてください。ここでは3つに整理しておきます。1つ目は「参加をきちんと表明しなければならない」オプトインで,2つ目は「参加しないことをきちんと表明しなければならない」オプトアウトです。この2つについてはもう説明の必要はないでしょう。3つ目は初めて紹介しますが,義務的選択です。義務的選択はニュージーランドなどで採用されている制度になります。意思決定者に必ず臓器提供に「同意する」か「同意しない」かの選択肢のどちらか一方を選択してもらうという確認方法です。たとえば,免許証などを交付するさいに臓器提供に関する意思をたずねることになります。この質問には必ず回答しなければいけません。質問に回答しなければ免許証を受け取ることができないようになっているのです。

　この3つの確認方法,どれが個人の自律や尊厳を尊重していると思いますか。倫理学者のマッケイとロビンソンは,これら3つの確認方法それぞれにつきまとう倫理的な問題について議論をしています(文献[38])。議論を見ていきましょう。

　マッケイらはまず,政府や企業などが人びとに影響を与える方法を大きく3つに分けました。1つ目は「理性的な説得」です。コミュニケーションによって,相手の理性に働きかけて,送り手の意図する方向に

態度や行動を変えてもらうことをいいます。

2つ目は「強制」です。言葉どおりに,制裁を加えたり,合理的な選択肢を奪ったりすることで,特定の方向に相手の態度や行動を変えさせます。

3つ目は「操作」です。本人に自覚されないよう意識や行動を操ることをいいます。情報や物理的環境をコントロールして,気づかれないように相手の意識や行動を方向づけます。

理性的な説得は意思決定者の自律性を尊重します。意思決定者が自分の意思で理性的に決定できるように必要な情報を与えます。意思決定者から質問があれば,丁寧に説明をします。それに対して,強制と操作はこうした自律性の尊重が十分ではありません。意思決定者が自らの意思で理性的に決定する力を無効化したり無力化したりします。

みなさんは,国などから臓器提供をするように働きかけを受けるとしたら,この3つのうちからどの働きかけを望みますか。臓器移植に関する情報について丁寧な説明を受けた上で,どうするか自分で判断したいでしょうか(理性的な説得)。あなたの意思は無視して,ドナーになる政策を一方的に押し付けられても構わないでしょうか(強制)。情報を制限されたり情報の与えられ方がコントロールされたりした環境で,判断したいでしょうか(操作)。返事を待つまでもなく,ほとんどの人が理性的な説得を望むでしょう。

しかしながら,オプトイン,オプトアウト,義務的選択のいずれも,理性的な説得ではありません。マッケイらによるとオプトインとオプトアウトは操作に分類されます。認知的な傾向,癖を利用して選択を一定の方向に誘導しているからです。そして,義務的選択は,臓器提供に関する自分の意思を表明したくなくても,その自由が許されないという意味で強制に分類されます。つまり,いずれの方法も自律性の尊重の点からみると問題を抱えているといえます。

では,どの方法が一番望ましいのでしょうか。マッケイらはいずれも何かしらの問題があるとしながらも,オプトインとオプトアウトと

比べて，義務的選択は問題が少ないと論じています。

どういうことでしょうか。たしかに義務的選択では選択の自由が十分に保障されません。「臓器提供についての考えを表明することなく免許証を手に入れる」という選択肢が奪われているからです。意思決定者の自由を徹底的に尊重するなら，臓器提供についての意思を表明することを強制してはいけません。

しかし，義務的選択は，臓器を「提供する」もしくは「提供しない」というどちらか一方の「選択肢」を選ぶことを強制しているわけではなく，どちらかを「選択」することを強制していることに注意してください。どちらか一方の選択肢を押し付けているわけではないのです。それに対して，オプトインとオプトアウトは意思決定者が最終的に受け取る選択肢を操作します。こうした点から，デフォルトを用いた確認方法は，義務的選択と比べて，意思決定者の自律性への尊重に欠けているといえるのです。

一般人の反応

ここで一般人の反応に目を向けてみましょう。日々生活する中でデフォルトなどの影響にさらされることに対してどのような意識を持っているのでしょうか。

肥満に悩む消費者たちのスーパーマーケットに対する反応を見てみます。本書執筆時点ですが，アメリカでは，レジ前にジャンクフードを置かないことを求める署名運動が広がっています。レジ前のチョコやスナック菓子を買うことがやめられず，それが肥満の一因になっているので，レジ前でそういう菓子を売るのはやめて欲しいという要望になります。

消費者はスーパーマーケットからジャンクフードを食べることを強制されているわけではありませんし，買うことを強制されているわけでもありません。ですので，本人が買わなければいいだけかもしれま

せん。しかし，レジ前にそうした食べ物を置いておくのは，支払い直前の衝動買いを狙った売り方でもあるわけです。こうした売り方を問題視し，店側に対応を求めているといえます。

実際にドイツではこうした取り組みがなされた事例があります。スーパーマーケットのAldiではレジまわりにジャンクフードを置くのをやめて，オーガニック食品など健康に良い食品に置きかえているようです。

これらの事例からは，人びとは必ずしも自分一人で選択することにこだわっているわけではなく，外部の力をかりて選択したいと考える場合もあるということがわかります。自らの健康や福祉の向上につながるのであれば，そうした外部の力をかりたいということでしょう。

選択アーキテクチャの力を用いた働きかけに対する人びとの意識を調べた調査があります（文献 [39]）。この調査では，臓器提供，肥満対策，CO_2 対策など幅広いトピックにおいて，デフォルトのような働きかけをどの程度受け入れることができるかを一般人にたずねました。なお，データはスウェーデンとアメリカで集められています。具体的には以下のようなシナリオが与えられました。

臓器提供

現在多くの国で臓器提供者が不足しています。ある地域では臓器提供者になるには自発的に選択をして関係当局に臓器提供者として自分を登録します。何も選択しなければ，事故の際に臓器提供をするのを望んでいないと推定されます（オプトイン）。先行研究からは，臓器提供者になりたいと報告しているのに，自発的な選択をおこなっていないために臓器提供者として登録されていない人がたくさんいることが確認されています。

臓器提供者数を増やす対策の1つとして，臓器提供者になることを拒否しなければ，自動的に臓器提供者として登録する方法があります（オプトアウト）。つまり，事故の際に自分の臓器を提供したく

なければ，そのように当局に登録するのです。この対策の目的は臓器提供者の数を増やすことにあります。

カーボン・オフセット
　飛行機が排出する二酸化炭素は環境に悪影響をもたらします。これを埋め合わせるために旅客がフライト代金に追加して任意で支払える料金があります。この料金から得られるお金はそのフライトで排出されるのと同じレベルの二酸化炭素を削減する取り組みに使われます。フライト代金にこの料金を自動的に上乗せすればこの料金を負担する旅客を増やすことができます。旅客はこの料金負担したくなければ，自発的に支払わないことを選択します（オプトアウト）。この対策の目的は環境負荷への代償を支払う旅客数を増やすことにあります。

カフェテリア
　高カロリー食品を過剰摂取すると健康が損なわれます。従業員がより健康に良い食事をとるように，ある会社が自社のカフェテリアの配置を変えました。健康に良い食品を目の高さに置いてカフェテリア利用者が簡単に手に取れるようにしました。スナック菓子や飴などの健康に良くない食品は目につきにくいようにカウンターの後ろに置いて，手に取りにくくしました。この対策の目的は健康に良い食品を摂取してもらい従業員の健康を向上することにあります。

　調査参加者はこれらのシナリオを読み，それぞれの対策を受け入れることができるか回答しました。
　その結果，シナリオによって反応が大きく変わることが確認されました。カフェテリアで健康に良い食品の摂取を促進するのに食品への物理的な接近のしやすさを工夫する対策については調査対象者の76.4% が受け入れることができると回答したのに対して，臓器提供者

を増やすのにデフォルトを用いる対策では42.9%，カーボン・オフセットの取り組みにデフォルトを用いる対策では45.7%しか支持がありませんでした（結果が煩雑になるのでアメリカ人のデータだけ紹介します）。

倫理的な難しさがある問題やコストの転嫁にしか見えない取り組みについては選択アーキテクチャの力を用いた働きかけは受け入れられにくいのに対して，カフェテリアでの取り組みのように助けを必要としている人を助ける問題については受け入れられやすいようです。

また，他の調査では，選択アーキテクチャを用いた働きかけと，ポスターなどを用いた働きかけのどちらが受け入れられやすいか比較されています（文献［40］）。デフォルトなどを用いた働きかけはその影響を人びとに自覚させずに選択に影響を与えようとします。こうした非意識的な働きかけは，本人の理性に向けた意識的な働きかけと比べて，個人の自律を侵害しているようにみなされ，受け入れづらくなる可能性があります。

この調査では，意識的な働きかけと非意識的な働きかけのそれぞれがどのくらい受容されるのかについていくつかのシナリオを用いて一般人にたずねました。たとえば，カフェテリアで健康に良い食品を選んでもらうシナリオでは，半数の調査回答者には，食品位置のアレンジによって非意識的に健康に良い食事をしてもらう働きかけを調査でおこなうという対策をどのくらい受け入れることができるかたずねました。また，残り半数の回答者には，栄養情報を明確に表示するなどして意識的に健康に良い食事をしてもらう対策をどのくらい受け入れることができるのかをたずねました。

その結果，複数のシナリオを通して全般的に非意識的な対策よりも意識的な対策のほうが受け入れられやすいという回答が得られました。また，この調査ではそれぞれの対策のもとで，自分の本来の好みどおりに選択をできると思うかについてもたずねていましたが，意識的な対策がおこなわれているときのほうが，自分の本当の選択ができると回答されました。自分の本当の好みどおりに選択ができるようにする

ことが，選択に対する働きかけが受容されるための重要な条件となるといえるでしょう。しかし，こうした全般的な傾向はあるものの，カフェテリアのシナリオのように，支援を必要としている人びとを助ける場合については，非意識的な働きかけも，意識的な働きかけと実質的には同じ程度の支持を受けることも確認されました。自己コントロールができず，その問題を解決したいと願っている個人を助ける場合は，非意識的な対策も十分に支持されるといえます。

　これらの調査からは，選択アーキテクチャの力を用いた働きかけであっても，働きかけの目的によって受け入れられやすさが異なるようです。倫理的に問題があること，大きな負担を求めることについては，隠れた働きかけを受けることに人びとは抵抗します。しかし，特に自他の利益や福祉の向上につながるものであれば，受け入れられやすいといえます。

　影響の受け手の気持ちを無視して一方的に選択を誘導していることに気がつかれると，その働きかけは大きく失敗します。たとえば，買い手は売り手の身勝手な意図に気がつくと，その売り手によるデフォルトを用いた働きかけが逆効果になることを示した研究があります（文献［41］）。この実験によると，顧客の利益のためでなく企業の利益のためにデフォルトを用いてパソコンや車をハイスペックな構成で販売していることがわかると，消費者はそうした売り方に反発し，その企業からの購入を控えることが報告されています。デフォルトでハイスペックな構成にすることでより高額な購入を促すことができるので，一時的にはその企業の利益は増えるかもしれませんが，その企業の売り方に潜む意図に消費者が気づいたとたん，悪評がまたたくまに広がり，その企業は窮地に立たされることになる，といったことが考えられるでしょう。

　選択アーキテクチャの力を用いた働きかけをおこなうには，人びとからそのアーキテクチャが信頼されるものである必要があるといえます。議論を巻き起こす問題や，予期しない負担を押し付けるようなアー

キテクチャは受け入れられにくいでしょう。単に誘導しているだけであり拒否する自由があるからといって，影響の受け手の利益を損ねるような働きかけがおこなわれるとすれば，人びとは強く反発するに違いありません。選択アーキテクチャの設計者は，そのアーキテクチャによって影響を受けることになる人びとの利益を尊重することが求められるといえます。

まとめ

　人間の選択行動の背景にあるメカニズムが急速に解明される中，私たちの選択をコントロールする理論と手法はかつてないほど広まり，生活領域に入り込んでいます。それらは，生活の中で望ましくない選択や決定を無理なく取り除いたり，より良い選択や決定を促したりするなどして，社会に大きな恩恵をもたらしているといえます。しかし，この章の中での検討で見えてきたのは，意思決定者の決定に先回りして，特定の選択肢が選ばれるように（あるいは，受け取られるように）誘導する働きかけは，個人や社会に思わぬ副作用をもたらす可能性があるということです。

　同じ選択肢であっても，それを受け身で受け取るのか，自発的に選び取るかによって，その後に得られる満足感や心理的な関与に違いが生まれます。また，選択アーキテクチャの力をもちいた働きかけは，いっけん行動の生起頻度だけに影響を与えているように見えて，実はその行動に関する意識や規範にまで影響を与えてしまうことがあります。さらに，隠れた働きかけがおこなわれること自体望ましく思わない人が少なくないこと，特に，倫理的に議論の余地がある問題などについては，こうした働きかけに対する抵抗が強まることを確認しました。人間の情報処理プロセスを解明することでより高い精度で選択をコントロールすることができるようになりますが，日々の生活に選択を誘導するなんらかの介入がおこなわれるときには，個人の自由や

自律などを侵害していないかといった倫理的な視点や，社会規範と衝突が起こらないかといった視点からも検討を加える必要があるのではないでしょうか。選択と誘導は，単に個人の認知的な活動として捉えるのではなく，社会的な広がりの中で見ていくと，より奥深いものになるといえるでしょう。

「理由」は選択を正しくあらわしているか
——選択を説明する 1

　日常生活の中で，私たちの選択がさまざまな影響や誘導を受けていることを見てきました。知らぬ間に選択を誘導されることを望む人は多くありません。日用品を購入するといった些細なことにしても，多くの人は自分のことは自分の意思で決めたいでしょうし，そうしているつもりでしょう。しかし，実際のところ，私たちは，自分の選択をどれほど自覚的にコントロールできているのでしょうか。選択がさらされている影響を自覚して，それらに適切な対処ができているのでしょうか。最近の研究では，実際には隠れた影響を受けているにもかかわらず，私たちは自分の意思で判断や決定をしているつもりになっていることが明らかにされつつあります。ここから残りの章では，無自覚なままで判断や決定を導いていく心的なプロセスを見ていきます。この章ではまず，意思決定者が自分の選択に与える「理由」に焦点を当て，本人が意識的に理解する選択プロセスと実際の選択プロセスの間にあるズレを見ていきます。

選択とそのための理由

　日常生活の中である選択をしたときに，その理由をたずねられることは少なくありません。なぜそれを選んだのか。なぜ選ばないのか。どうしてそのように振舞っているのか説明を求められるというわけです。こうしたやり取りは，当然ながら，意思決定者が選択や判断に至った過程を正確に把握し，それらを他の人に説明できることを前提としています。

5章 「理由」は選択を正しくあらわしているか——選択を説明する 1

　しかし，本書ではこれまで，私たちの選択と判断はさまざまな影響にさらされていることを見てきました。選択と判断は，固有の文脈を持つ選択環境の中でおこなわれるため，その文脈が促す方向に向かいやすくなります。椅子の座り心地が悪いために早々に席を立つファストフード来店客，デフォルトに設定された高価な保険を契約する消費者，世論調査で防衛政策について分割操作が加えられた選択肢を選びがちな回答者たち……こんな人たちがいました。こうした人たちは，自分がなぜその選択をしたのか正確に説明できるのでしょうか。

　それぞれに行動を選択した理由をたずねたら，「十分に休んだから店を出ました」や「事故に遭うかもしれないから万が一のとき手厚い補償が受けられる保険にしました」といった答えが返ってくるかもしれません。あたかも自分の意思で決定したかのように聞こえます。しかし，こうした説明は実際の決定プロセスを適切にあらわしているとはいえないでしょう。生活の中で何気なく選択理由を説明している私たちは，その選択プロセスをどの程度正確に把握しているのでしょうか。

　知らない間に選択や判断を誘導されることを望む人は多くありません。自分のことは自分の意思で決めたいという人がほとんどでしょう。自らがさらされている影響に気がつけば，「この店は早く帰って欲しいんだろうけれども，もうちょっと長居しよう」とか「この保険会社は高い保険を買わせたいんだろうけれども，安い保険にしておこう」などと，その影響に対処することができます。しかし，影響に気づくことができなければ，それはできません。

　本書の残りの章では，選択と判断に忍び込む隠れた影響力を人びとがどのように理解し，それらに向き合っているのか見ていきます。そこからは，私たちの選択と判断が自分でも自覚できない心的プロセスに左右されている姿が見えてくるはずです。人びとの社会的な行動や判断は，実は，意識的に接近することが難しい（自分では気がつきにくい，見えにくい）心的プロセスによって導かれており，そのことがしばし

ば本人も予期しない結果を生活にもたらしています。この章では意思決定者が自らの選択や判断について説明するときに使う「理由」に焦点を当てて,「本人が意識的に理解したとする選択プロセス」と「実際の選択プロセス」の間に生じるズレを見ていきます。

経路実験——どうやって「経路」を選ぶか

　下の地図を見てください。今あなたは大学にいて,駅まで行く必要があるとします。どの道を通って駅まで行きますか。大学から駅へ行くまでに通る道を指でなぞってください。

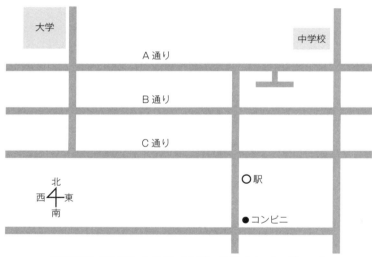

経路実験で使用した地図（店舗・施設なしバージョン）

　あえて遠回りしない限りは,ルートは3通りの選び方があります。A通りを使用するルート（ルートA),B通りを使用するルート（ルートB),C通りを使用するルート（ルートC）です。まず,大学の出口

から右に曲がって南方向に進み，A通り，B通り，C通りとクロスするいずれかの交差点で左に曲がってそのまま西方向に進み，駅がある通りまで出たら，そこで右に曲がり，駅まで南方向に進むことになります。

この3つのルートについては，出発地から目的地までの距離と曲がる回数がどれも同じです。みなさんは，どのルートを選んだでしょうか。大学生を対象に調査したときは，ルートAを選んだのが54%，ルートBを選んだのが4%，ルートCを選んだのが42%でした（文献[42]）。最初の角を曲がるルートAと最後の角を曲がるルートCが人気で，途中にある交差点で曲がるルートBの人気がありません。

この結果はたまたまではありません。同じく，距離と曲がり角の数が等しい地図と現実空間で調査をおこなった先行研究でも，参加者は出発地点から進行方向に沿って最初あるいは最後に位置する角を曲がって移動する経路を選ぶ頻度が高かったことが報告されています（文献[43]）。経路の位置は経路選択に大きな影響を与えるのです。

経路を選択するときに見られるこうした選択の偏りは，選択時に「心的労力を最小化する」方略がとられることによって起こると説明されます。経路選択においては，分岐点が現れるたびに，曲がるかそのまま直進するか決定しなければいけません。こうした逐次的な決定が続く選択状況では，その都度判断をおこなうよりも，「最初に曲がってしまい後は考えない」もしくは「最後の曲がり角まで曲がることを考えない」という方略を採用することで，選択全体にかかる心的労力が軽減されます。こうした説明と一致して，途中の分岐点をB1，B2，B3…と増やして心的な負荷を高めると，ますます途中の分岐点が避けられるようになることが確かめられています。

皆さんの多くも，ルートAかルートCのどちらかを選んだのではないかと思いますが，いかがでしょうか。

さて，ここでの関心は，こうした選択方略をとっていることを本人がどれほど自覚できているかという点にあります。このことを調べる

ために，この実験では，ルート上に店舗がなかったさきほどの「店舗なし条件」の地図のほか，A通り，B通り，C通りのそれぞれに店舗や施設の情報を加えた「店舗あり条件」の地図も複数用意しました。一例を挙げると，下のような地図を用いました。

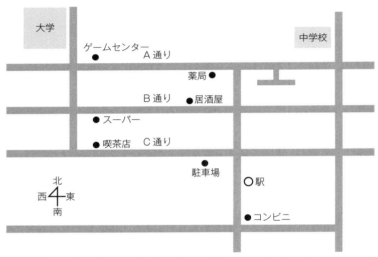

経路実験で使用した地図（店舗・施設ありバージョン）

この地図ではA通りに「ゲームセンターと薬局」，B通りに「スーパーと居酒屋」，C通りに「喫茶店と駐車場」が配置されていますが，実験全体の中では，店舗・施設が配置される通りはローテーションを組んであり，A通りに「スーパーと居酒屋」，B通りに「喫茶店と駐車場」，C通りに「ゲームセンターと薬局」を配置させるなどして，店舗・施設と通りの組み合わせが偏らないようにしました。

その結果，店舗あり条件の実験参加者のうち，A通りを選んだのは44%，B通りを選んだのは13%，C通りを選んだのは43%でした。

店舗なし条件の結果とほぼ同じく, ルートAとルートCに選択が集中し, ルートBがあまり選ばれなかったといえます。正確に記すと,「喫茶店と駐車場」があるときはその経路がやや多めに選択されたのですが, 全体的に見ると, 店舗・施設情報は参加者の経路選択に実質的な影響を与えることがなく, やはり経路の位置が決定的な影響を与えていたといえます。

実験参加者たちは, 自分が選んだ経路がその位置と強く関連していたことに気がついていたのでしょうか。その道を選んだ理由を自由に記述してもらいました。

その結果, 店舗あり条件の参加者 128 名のうち, 店舗を見て経路を決めたと答えたのは 66% でした。たとえば,「薬局で買い物ができるから(選んだ)」や「ゲームセンターの前はうるさそうだから(選ばなかった)」といった理由が挙がっています。一方,「最初に曲がれば楽だから」といったふうに位置に言及したのは 18% でした。店舗・施設の存在と経路選択にはほとんど関連がなかったにもかかわらず, 店舗と施設を手掛かりに選択したという意識が強いのです。

それに対して, 店舗なし条件の参加者 48 名のうち, 店舗・施設に言及したのは 6% でした。「中学校の通学路と重ならそうだから(選んだ)」といった理由が挙がっています。また, 位置に言及したのは 46% でした。この結果は店舗あり条件と対照的ですね。

店舗なし条件では位置を重視して経路を選んでいたことを意識的に思い出すことができたのに対して, 店舗あり条件ではそれがうまくできなかったと解釈できそうではあります。しかし, 私はこうした見方にやや疑問をいだいています。なぜなら, 店舗なし条件の参加者だけが自らの選択プロセスを正確に思い出せたと考えるよりは, どちらの条件にも共通した説明原理を考えたほうがシンプルで自然だからです。ほとんど同じ課題に取り組み, ほとんど同じ選択パタンを示したにもかかわらず, 一方の条件の参加者だけ自分がどのように選択していたか自覚でき, 他方の条件の参加者はそれができなかったと解釈するの

は都合が良すぎませんか。

　では,どのように解釈すればよいのでしょうか。店舗あり条件と店舗なし条件のどちらの条件での参加者も,自分がどのように選択しているかの理由をもともと十分に自覚しておらず,手元にある情報（つまり地図）から,自分の選択をもっともらしく説明できる理由を事後的に作り上げたと解釈できないでしょうか。

　店舗あり条件の地図をパッと見たときに何が目に入るでしょうか。店舗や施設が目立っていますよね。この地図を見ているとき,店舗や施設に関する情報が意識の上で利用しやすくなっています。これら店舗や施設は,「喫茶店で休める」だとか「ゲームセンターの前は少年少女のグループがたむろしていそう」といったふうに,自分の選択を説明する都合のいい理由を提供してくれます。参加者は,たまたま目立っていた情報に飛びつき,それらが自らの選択の決め手となったというストーリーを後から考え出した可能性があります。それに対して,店舗なし条件の地図では自分の選択を左右するように見える情報が非常に限定されています。経路位置くらいしか説明するために使えるものが見つからないのです。そうすると,必然的に位置に言及しやすくなります。つまり,どちらの条件の参加者も,自分の選択プロセスを意識的に遡ったのではなく,理由をたずねられたときに意識的に利用しやすい情報をベースにもっともらしい理由を事後的に作り上げた,と考えられるのです。

　もちろん,店舗なし条件の参加者が正確に選択プロセスを意識的に辿ることができていた可能性はあります。ただ,この実験では,経路選択という空間上での意思決定だったので,選択者が「位置」を選択理由にしやすい文脈であったともいえます。仮に位置が決め手になっていたとしても,それが選択理由としてみなされにくい文脈においては,人びとの理由づけはさらに正確さを欠くことになるでしょう。そんな文脈で位置が選択に与える影響を調べた実験を見てみましょう。

ストッキング実験――置く位置か品質か

　スーパーの店頭で商品の置かれた位置が買い物客の商品選択に与える影響を検討した研究があります（文献［44］）。一般の買い物客が調査対象者です。買い物客は，4つのテーブルに置かれたストッキングからもっとも品質のよいものを選択するように求められました。ただし，このとき用意されたストッキングは本当のところ全て同じもので，品質に違いはまったくありませんでした。また、ストッキングは左から順にA，B，C，Dとラベルがついていたので，この実験では，ほとんどの参加者は左から右に順にストッキングを比較していきました。

　その結果，手に取る順番があとになるテーブルに置かれたストッキングほど選ばれる傾向があり，最後に手に取られるストッキングにいたっては40%の買い物客に選択されました（選択率は左から，12%，17%，31%，40%です）。この結果には，参加者が左から1つひとつストッキングを見ていったところ，結果的にどのストッキングも大差ないため，最後に見たものを選ぶという選択方略がとられたことが関わっていると解釈されています。最後のものがしっくりこなかったら，その1つ手前のものに戻って，それでよいか判断する。問題がなければそれを選び，しっくりこなければ，もう1つ手前のものに戻るということです。そうすると，もともとの順番が後のものほど選ばれやすくなりますね。

　しかし，選択理由をたずねたところ，ストッキングの位置が決め手になっていたことを自覚できた買い物客はいませんでした。ほとんど全ての買い物客は，「このストッキングは伸縮性がよいから」といったように商品の品質を頼りに選択をおこなったと説明したのです。商品の位置が自らの選択になんらかの関係がありそうだと自発的に回答した人もいませんでした。さらに，商品の置かれた位置が自分の選択に影響したと思うかと，ストッキングの位置について直接的にたずね

られても，ほとんど全員がその可能性を認めませんでした。

　ストッキング実験の参加者は，ストッキングの位置が自分の選択と関係していると考えませんでした。そのかわりに，ストッキングの品質という，ストッキングにとっておそらく最も重要であると買い物客が思っている特徴に注目して選んだと考えていたのでした。この結果は，経路実験の店舗なし条件の一部の参加者が選択理由として経路位置に言及したことと対照的です。ストッキングのような商品選択においては商品の置かれた位置は選択と関係ないとみなされやすいのに対して，歩行経路の選択のようにまさに移動する空間の位置が問題になる場合は空間上の位置が選択と関連があるものとしてみなされやすかったと考えられます。

　しかし，経路実験とストッキング実験の本質は同じです。意思決定者は自分がどのように選択をおこなっているか自覚できているとは限らないということです。そして，そのとき理由をたずねられると，周りから手に入る情報をもちいて，自分の選択をうまく説明できる理由を作り上げるということです。ストッキングの品質が優れているだとか，喫茶店のある通りは通り道として適しているといったように，自らの選択結果と整合するもっともらしいストーリーを事後的にこしらえていきます。しかも，本人は偽るつもりなくそのことをやっているのです。

「理由」はあてにならない

　選択者が頭の中で考える選択理由と実際に選択を左右する要因との間でズレが起こることはさまざまな研究で確認されています（文献[45][46]）。意思決定者はしばしば，ある要因から受けている影響に気づかないまま，また，自らが採用している選択方略を自覚しないまま，判断や決定をおこないます。このようなとき，理由の説明を求めると，原因として「もっともらしく」，「言葉にするのが簡単」で，「心理的

に利用しやすい」要因に注目して，説明をおこなう傾向が見られます（文献 [47] [48] [49]）。ある要因がこうした条件を満たしていなければ，それが実際に選択を左右していても，意思決定者が理由として考える候補から漏れやすくなります。また，このような条件を満たす要因が容易に利用できる環境では，真の規定因はますます見逃されやすくなるのです。

条件づけ——良いものと一緒にされると好きになる

　選択肢に対する好みや態度についての理由を説明するときも，説明は正確さを欠くことがあります。商品などに接したとき，「これ好きだな」とか「これ嫌いだな」といった感情が生じることがあります。こうした感情のもとになる好みや態度はいつどこでどのように形成されたのでしょうか。自覚がないうちに態度が自分の中で作られていた場合，好きだなとか嫌いだなといった感情がなぜ生じるのか説明することは難しいでしょう。

　「条件づけ」という言葉を聞いたことがあるでしょうか。犬にベルの音を鳴らしてエサをあげることを繰り返していると，ベル音を聞いただけで唾液を分泌するようになるという実験が有名です。エサは唾液の分泌を無条件に引き出すので，「無条件刺激」と呼ばれます。ベル音はもともと唾液の分泌を引き出すことがない「中性刺激」です。ベル音とエサが一緒に繰り返し与えられることで，犬はベル音がエサをもらえるシグナルであることを学習します。その結果，ベル音を聞いただけでエサに示していた反応（つまり，唾液分泌）が生じるようになるのです。

　この条件づけは人間でも多く見られます。梅干を見るだけで唾液がわいてきたり，歯医者の待合室で歯を削るキューインという音を聞くだけで血の気が引く思いをしたりするといった例が挙げられるでしょう。

実は，この条件づけですが，無条件刺激と中性刺激という2つの刺激の随伴関係（2つが相伴って出現する関係）に意識的に気がついていないときも成立します。つまり，梅干を見ると唾液がでたり，歯医者でキューンという音を聞くと血の気が引いたりするのは，「梅干－酸っぱい」や「歯を削る音－痛み」のように2つのイベントが相伴う関係にあることを学習しているからこそ起こるのですが，この両者の関連について意識的な自覚がなくても学習自体は成立するのです。

　社会心理学者のオルソンとファジオがおこなった実験を見てみましょう（文献[50]）。この実験では実験参加者が，無自覚のうちに，ポケモンのキャラクターに肯定的（もしくは否定的）な態度を抱くように働きかけました。どうやったのでしょうか。

　実験参加者に与えられた課題は，パソコンのディスプレイに次から次へと表示される単語や画像を見て，あらかじめ「標的」として定められた画像を見つけ，即座にキーを叩くことです。数百の単語と画像が次々と表示されていきました。ただ，これは表向きの課題で，実験の真の目的は違うところにあります。

　参加者が標的を見つけることに集中している裏で，巧妙に条件づけの操作がおこなわれたのです。ディスプレイに表示される画像の中にはポケモンのキャラクターも含まれていました。今でこそポケモンは世界中に知られるようになりましたが，この実験がおこなわれた当時のアメリカ人の実験参加者にとってポケモンはほとんど知らないものでした。次から次に表示される他の画像と比べて特別な注意を引きつけるものでもありませんし，どこかで見たことも聞いたこともありませんから，好きとか嫌いといったもともとの態度も持っていません。ですので，この実験でのポケモンのキャラクターは，犬の条件づけの話でいうと，ベル音にあたる中性刺激になります。

　実験では，2体のポケモンのキャラクターを使って条件づけの操作を加えました。一方のキャラクターをディスプレイに表示するときには「素晴らしい（awesome）」といった単語や子犬の画像などポジティ

ブなものを一緒に表示し，もう一方のキャラクターを表示するときには「ひどい（awful）」といった単語やゴキブリの画像などネガティブなものを一緒に表示したのです。これらの単語と画像は無条件刺激ですね。つまり，それぞれのポケモンのキャラクターに対して，ポジティブもしくはネガティブな無条件刺激と随伴関係をもたせ，実験参加者に接触させたというわけです。実験の中で，それぞれのキャラクターは，計20回，毎回異なる単語と画像の用いられた，ポジティブもしくはネガティブな無条件刺激と対にして呈示されました。

　実験のあいだ，膨大な単語と画像に接触させたことや，ポケモンのキャラクターに特に注目をさせていなかったことや，ポケモンのキャラクターと一緒に呈示される単語と画像がその都度変わったことから，実験参加者にとって，特定のキャラクターがポジティブ（ネガティブ）な単語や画像と一緒に呈示されていたことに気がつくのは極めて難しい状況となっていました。

　このように，条件づけの操作は実験参加者に気づかれにくいよう巧妙におこなわれたため，一通り実験刺激の呈示が終わった後に，キャラクターと無条件刺激の随伴関係に気づくことができるかチェックしても，参加者は正解することができませんでした。

　それにもかかわらず，キャラクターへの評価をたずねると，ポジティブな無条件刺激と条件づけられたキャラクターをよりポジティブに評価したのに対して，ネガティブな無条件刺激と条件づけられたキャラクターをよりネガティブに評価しました。つまり，参加者は実験の中で受けた条件づけの操作を自覚できなかったにもかかわらず，2体のポケモンのキャラクターに対する態度を条件づけられた方向に変化させていたのです。

　この実験結果は，たとえば，テレビコマーシャルなどで，ニコニコと笑顔で美味しそうに食べる表情など，ポジティブな映像と一緒に商品が呈示されるとき，その商品への評価がポジティブな方向に変化する可能性があることを意味します。しかも，このとき視聴者は，ポジ

ティブな映像と一緒に呈示されていたから商品を好きになったことには気がつくとは限らないのです。このとき,その商品をどうして好きになったのかという質問をうければ,コマーシャルを見て好きになったとは考えずに,商品それ自体が素晴らしいからといった回答をする可能性が高いのではないでしょうか。

単純接触効果——見るほどに好きになる

　単純接触効果と呼ばれる現象も見てみましょう。何度もある人を目にしているうちにだんだんその人に親しみを感じるようになったり,何度も耳にしているうちにその曲が好きになったりした経験はないでしょうか。選挙カーで候補者の名前が連呼されるのは,名前の親しみやすさを高めて,有権者がその候補者に投票してもらうことを狙っている例になります。このように,繰り返し見聞きしたものに対する好みや親しみやすさが増す現象を「単純接触効果(mere exposure effect;文献[51])」と呼びます。

　この単純接触効果も,評価対象と繰り返し接したことに本人が気づいていなくても生じます。社会心理学者のザイアンスらは,1000分の1秒という非常に短い時間で画像を呈示する手法を用いて単純接触効果の検証をしています(文献[52])。1000分の1秒しか画像が呈示されないので,実験参加者はその画像を見ていることを自覚できません。こうした中,実験参加者はターゲットになる図形を5回呈示されました。

　その後,反復呈示されたターゲットの図形と初めて呈示する図形を対にして,二肢択一型の再認判断(どちらを見たか)と選好判断(どちらが好きか)を求めました。二肢択一なのでいい加減にどちらか一方の図形を選べば,ターゲットを選ぶ割合はおよそ偶然のレベルの50%になるはずです。その結果,再認判断ではターゲットの選択率は偶然レベルにしか達しなかったにもかかわらず(48%),選好判断での選

択率は偶然レベルを超え，初めて呈示された画像よりも多く選ばれました（60%）。つまり，どちらを見たか選ばせると繰り返し呈示された画像をあてることができないのですが，どちらが好きか選ばせると繰り返し呈示された画像を選べるのです。意識的に記憶を辿ろうとするとそれを見たことがわからないのに，好みを判断するときは反復接触によって無意識のうちに形成された好みが判断にあらわれてくるのです。

繰り返し接したことを自覚できないのは，意識できないほどのスピードでその対象を見せられたときに限ったことではありません。むしろそんな状況は日常的にはほとんどないですよね。十分に目で見えるスピードで繰り返し接した対象であっても，時間が経つなどして接したことを忘れてしまうことがあります。そのようなときでも単純接触効果は起こります。モアランドらは，目に見える時間で外国語文字を繰り返し呈示した後，時間間隔をおいて，文字に対する好感度と記憶を測定しました（文献［53］）。その結果，呈示回数が多いほど外国語文字への好感度は強まっていましたが，それはその文字を見たという意識的な記憶と無関係であることが確認されました。

これら単純接触効果の2つの研究は，繰り返し接した自覚が欠けているときでも，その対象を好きだと感じることがあることを示しています。このようなとき，その対象をなぜ好きなのか本人はうまく説明することができないでしょう。単純接触効果をめぐる話は後ほどもう一度しますので，心に留め置いてください。

サブリミナル効果——見えない刺激の力

1000分の1秒だけ画像を見せられても，その画像を意識的に知覚することはできません。意識的に見える見えない，あるいは意識的に聞こえる聞こえないといった境目を「閾値（いきち）」と呼び，刺激の強度がそれを下回る場合は閾下（サブリミナル），上回る場合は閾上

（スプラリミナル）と呼びます。閾下呈示，つまり，閾値以下で刺激を与えることで人びとの認知・感情・行動に影響を与えることをサブリミナル効果と呼びます。1000分の1秒で画像を呈示した単純接触効果の実験もサブリミナル効果を調べた実験の1つです。

　1973年に制作された人気ドラマ「刑事コロンボ」のエピソードの1つ「意識の下の映像」はこのサブリミナル効果をめぐる話です。刑事コロンボシリーズはストーリーのはじめから視聴者に犯人がわかる構成なので，恐れずネタバレさせていただくと，ケプル（犯人）はノリス（被害者）を客として招いた試写会で企業宣伝用フィルムを流すなか，瑞々しいオレンジスカッシュの画像を閾下呈示します。閾下呈示なので，ノリスを含めその場にいた視聴者はそんな画像が呈示されていることには気づきようがありません。すると，フィルム上映中であるにもかかわらずノリスはおもむろに席をたち，試写室を離れ，人目につきにくい場所にある水飲み場に水を飲みに向かいます。水飲み場に向かったのはノリスだけです。そこで待ち構えたケプルはノリスを拳銃で仕留めるのです。つまり，ケプルはノリスを人目につかない場所で撃ち殺すため，喉を潤したくなる画像を閾下呈示し，水飲み場におびき寄せたのです。

　そんな話はフィクションだけだろうと思われるかもしれませんが，およそその30年後におこなわれた実験で，コロンボとほとんど同じ手法を用いて喉を潤す行動を無意識のうちに誘発できることが報告されています（文献［54］）。社会心理学者のストラハンらは，実験参加者に単語を閾下呈示したあと，飲み物を自由に飲んでもらいました。閾下呈示した単語の中には，「dry」などの喉の渇きに関連した単語，もしくは，「won」などの渇きと関連のない単語を含めました。渇き関連語は「意識の下の映像」で使われたオレンジスカッシュの画像と同じで，喉の渇きを無意識的に刺激するために使われました。無関連語は関連語の効果を比較検証するために用いました。なお，ここが大事なのですが，単語の閾下呈示を行うセッションと飲み物のテイス

ティングをおこなうセッションの間に，実験参加者の喉の渇きを操作する手続きを挟みました。半数の参加者にはぱさぱさしたクッキーを試食してもらい喉が渇いた状態にし，残り半数にはクッキーの他に水も与えて喉が渇いていない状態にしたのです。

その結果，クッキーを食べて喉が渇いていた参加者だけにサブリミナル効果が起こり，喉が渇いていない参加者にはサブリミナル効果は起こりませんでした。つまり，渇き関連語の閾下呈示を受けた参加者は，喉が渇いているときに限って，テイスティングのセッションで飲み物をたくさん飲んだのです。無関連語の閾下呈示を受けた場合は，喉の渇きの程度にかかわらず，飲む分量に違いはありませんでした。

喉の渇きを刺激するものをむやみに閾下呈示してもあらゆる状態の人にサブリミナル効果が起こるわけではないのです。私たちの普段の生活で，喉が渇いていないときに飲み物を見せられても，それほど飲みたいとは思わないのと同じですね。

「意識の下の映像」で試写室には何人か居たのですが，実はノリスだけが非常に喉が渇いた状態におかれていました。試写会の前に開かれたパーティーでケプルはノリスに塩辛いキャビアをたくさん食べさせていたのです。塩辛いものを食べると喉が渇きます。また，エアコンの調子が悪いということで，わざと試写室を蒸し暑くするなどの周到な準備もおこなってありました。フィルム上映中，ノリスの喉はカラカラになっていたのです。喉を潤したくなる生理的な条件が整ったところで，最後の一押しとして閾下刺激を見せたといえます。その結果，ノリスだけが水飲み場に向かったというわけです。

無意識のうちに人びとの認知・感情・行動に働きかける閾下呈示の手法は，社会心理学分野のさまざまな研究で扱われています。ただし，社会心理学者の多くは，サブリミナル効果自体のメカニズム解明にはあまり関心がなく，さまざまな社会行動が本人の意識的自覚なくおこなわれていることのあり方を調べるツールとして閾下呈示を実験のなかに取り入れています。閾下呈示で働きかければ，実験参加者がその

働きかけを自覚する可能性を確実に排除できるからです。

しかし閾下どころか閾上呈示であっても，人びとがその影響力を自覚できないといったことは日常的によくあることです。たとえば，前章でとりあげたデフォルトや選択肢分割の操作が加えられた選択肢セットは，物理的にそれ自体を知覚できないことはありませんが，その操作から受ける影響は全く，あるいは部分的にしか自覚できていないのではないでしょうか。条件づけも単純接触効果も，刺激を物理的に知覚できていても，実験参加者はその影響力を自覚することができていませんでした。これらのことを考慮に入れると，サブリミナルな働きかけなのかそうでない働きかけなのかというよりも，何らかの働きかけを受けているときにその影響力に気づいているかいないかのほうが，その働きかけを受ける人びとのその後の行動に大きな意味を持つといえるのです。

働きかけに抵抗する人もいる

自分の意思で判断や行動をしたいと考える人にとって，外部からあらぬ影響を受けることは避けたいでしょう。決定や判断が望ましくない影響を受けていることに気がついたとき，そのことに対処するために，判断や決定の修正を試みようとする人は少なくないはずです。

判断や決定が一定の方向に偏ることを認知バイアスと呼びます。「認知の歪み」ですね。バイアスが生じたとき，その影響を取り除いて判断と決定に修正を施すのはそれほど簡単ではありません。クリアすべき課題がいくつもあります。

バイアスが発生してから，修正が無事に完了するまでの流れを社会心理学者のウィルソンらがおこなった図式化に従ってみてみましょう（文献［55］）。この図式のなかでは，バイアスによって最終的な判断や決定が歪むことを「心的汚染」と呼び，バイアスから受ける影響を修正することを「心的修正」と呼んでいます。

5章 「理由」は選択を正しくあらわしているか――選択を説明する1

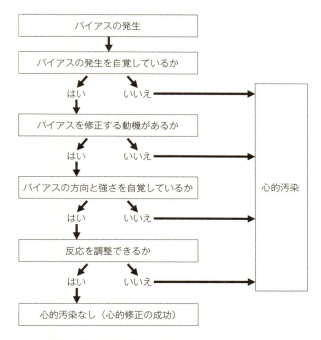

心的汚染と心的修正のプロセス（文献［55］より）

（1）バイアスが発生したあと，まず，そのバイアスが発生したことに，本人が気づく必要がありますよね。本書の中で出てきた例を使うと，何かを評価したり選んだりするとき，条件づけ，単純接触効果，デフォルトなどによって自らの判断にバイアスが生じているんじゃないかと気がつくか，気がつかないか，ということです。気がつかなければ，何も対処できませんので，心的汚染が起こります。バイアスに気がつくことができれば，次のステップに進むことができますね。

（2）次のステップはバイアスを修正する動機があるかどうか，です。仮に，自分が所有するモノがとても値打ちがあるものだと感じていて，さらにそれが何かしらのバイアスのためにそう感じているかもしれな

117

いと気がついたとしても，本人にとって特別な害などがなければ，わざわざそのバイアスを修正する動機は持たないでしょう。わざわざ時間をかけたりして自分の判断を修正する必要がないようなものであれば，修正する動機を持ちにくいのです。修正する動機があれば，次のステップに進みます。

　(3) 次は，そのバイアスが判断や決定にどんな方向，またどれくらいの強さの影響を与えているかについて正確に自覚できるかできないか，です。単純接触効果にしても，デフォルトにしても，影響を受けていることに気がついたとしても，実際にどんな方向でどれくらいの強さで影響を受けているか正確に把握できなければ，適切に修正することはできません。たとえば，修正しすぎて逆の方向に判断が歪んでしまったり（過度の修正），十分な修正を施せなかったり（不十分な修正）といったことが起こるでしょう。これらを正確に把握できれば，次のステップに進めます。

　(4) 最後のステップです。バイアスの方向と強さもわかって，あとはそれを取り除けばよいという段階になったとき，実際にそれができるかどうか，です。たとえば，デフォルトのせいで「臓器提供に同意しない」という方向に自分の判断が偏っていることに気づき，それを修正しようと思ったときに，すぐさま「同意する」と判断を変更できるでしょうか。また，お気に入りのブランドや人物に対する好意的な感情がなんらかのバイアスによるものであることに気づいて，それを修正しようと思っても，いきなり感情をニュートラルにするということは難しいことのように感じます。感情や個人的信念が深く関わるものは，パソコンでデータを書き換えるように，頭の中で急に書き換えたり修正したりするのは難しい場合があるのです。とはいえ，無事にこれらを取り除くことができれば，心的汚染を受けずにすむ，ということになります。

　こうした望まないバイアスや働きかけに対して私たちはうまく抵抗することができるのでしょうか。以上の話を念頭において，単純接触

効果を用いた働きかけと，その働きかけに対する人びとの反応を考えてみましょう。

単純接触効果は，幾何学的図形などの単純な刺激から，音楽，顔，商品などの複雑な刺激まで，実験室実験でもフィールド実験でも確かめられる再現性が高い現象ですが，反復呈示を受けた側にとってその影響は必ずしも肯定的に受け入れられているわけではありません。たとえば，ある研究では，「刺激が反復呈示されていた」と教示をすると，反復呈示された刺激に実験参加者が示す好みが弱くなったこと，また，「刺激が呈示されていなかった」という偽りの教示を与えると，実験参加者が反復呈示された刺激に示す好みが強まったことが報告されています（文献［56］）。また，200報近い単純接触効果の研究論文を詳しく調べ上げた研究からは，刺激が閾上呈示された場合は最後の接触から判断までの時間間隔が長いほどこの効果が明瞭に現れること，また，閾上呈示よりも閾下呈示の方がこの効果が強く得られることが見出されています（文献［57］）。つまり，接触したことに意識的に気づきにくい条件であるほど，その効果が明確に得られるのです。さらに，選挙における投票などの社会的行動に影響を及ぼす可能性のあるさまざまな要因について，その影響の強さや望ましさについて人びとが抱く信念を調べた調査では，「選挙候補者の反復呈示が自らの判断に影響を与えるのは望ましくない」と回答者が考えていることが示されています（文献［58］）。これは，候補者の評価はマニフェストや政策実行能力などを中心にすべきで，単に顔や名前を繰り返し見聞きしただけでその候補者を選ぶようなことがあっては良くないと有権者が考えていることをあらわしています。これらの知見は，ある対象と反復接触する操作を受けたという自覚は，反復接触を受けた者にその影響を避けようとする動機を与え，その対象に示す選好を割り引かせることがあることを示唆しています。

洗剤実験——選択の根拠は効能か反復か

　しかしながら，単純接触効果を用いた働きかけにしても，その他の手法を用いた働きかけにしても，問題は，その影響力に気づくのが容易ではないことがしばしばあるということです。判断や決定が受けている影響に適切に対処するためには，その影響や影響源を正確に同定する必要があります。しかしながら，人は必ずしも自らの決定や判断が受ける影響を正確に同定できるとは限りません。

　店頭で買い物客が洗剤を選んでいる場面を想像してみましょう。商品としての洗剤はロゴデザイン，値段，効能などの属性から成り立ちます。実際にはテレビコマーシャルなどで商品名や商品ロゴを繰り返し見聞きして特定のブランドの商品に魅力を感じるようになっていたとしても，そのことを十分に自覚していない買い物客は，汚れや臭いを落とす効果が優れている，あるいは，値段が安いことが商品の魅力の源泉となっていると考えるかもしれません。

　商品名やロゴを繰り返し見聞きしたことで洗剤を好きになったにもかかわらず，「洗浄効果が良さそうだ」といったように，洗浄効果の優劣に基づいて選好を判断していると買い物客が勘違いするとき何が起こるでしょうか。もしその買い物客が洗剤の効能を重視すべきという考えを持っていれば，表面上ではありますが，自分でも納得できる理由に基づいて洗剤を選ぶことになりませんか。そうだとすれば，その洗剤を積極的に選ぶことになると予想されます。つまり，本当はロゴの反復呈示によって魅力が高まっているにもかかわらず，「洗浄効果が良さそうだから」と考えることで，反復呈示によって魅力の高まった洗剤を選びやすくなる，という事態が起こることが予想されるのです。

　この予想を検証した実験を紹介します（文献 [59]）。実験は大きく2つのフェーズから構成されました。最初の選好形成フェーズでは，

ブランドロゴをパソコン画面上で反復呈示し，実験参加者が特定のブランドの洗剤を好むように働きかけました。実験参加者によって多めに呈示するロゴと少なめに呈示するロゴを変えてあります。呈示回数が多いブランドを好むようになると予想しています。ロゴは下のようなものを20種類用意しました。

洗剤実験で使用したロゴのサンプル

次に，選択フェーズが続きました。ロゴの呈示回数の異なる2つの洗剤を実験参加者に手渡し，どちらか購入したいと思うほうを選ぶように求めました。このとき，実験参加者を2つの条件のグループに割り当てました。「メッセージなし条件」に割り当てられた参加者は，選好形成フェーズで見せたロゴだけが印刷された洗剤を手渡されました。「メッセージあり条件」の参加者は，ロゴの他に「繊維の奥から汚れとニオイを落とす」といった洗剤の効能に関するメッセージも付加された洗剤を渡されました。洗剤につけられたメッセージはすべて違うものでした。20個の洗剤に，20種類のメッセージが付加されたということです。ちなみに，2つの洗剤を比較してもらうわけですが，このときそれぞれの洗剤につけられる2種類のメッセージは，予備調査で，魅力に差がないものを使いました。実験参加者がメッセージの良し悪しで洗剤を選んでしまうことがないように，メッセージの魅力をそろえたのです。メッセージあり条件で使用された洗剤は下の写真のようなものになります。

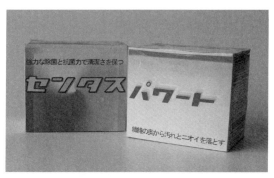

洗剤実験で使用した洗剤

　ロゴの反復呈示から受ける影響を十分に自覚していなければ，メッセージあり条件の参加者は，多かれ少なかれ，洗剤の魅力の源泉を「繊維の奥から汚れとニオイを落とす」といったメッセージ内容に求めることになるでしょう。

　この実験とは別に実施した予備調査で，ほとんど全ての回答者が洗剤の購入においてロゴよりも効能を重視すべきだと考えていることも確認しました。このことから，実験参加者が洗剤に感じられる魅力がメッセージ内容によるものだと考えた場合，その参加者は洗剤を選ぶ良い理由を手に入れ，ロゴの反復呈示によって魅力が高まった洗剤を選ぶ傾向を強めると予想しました。

　実験結果は予想通りとなりました。全体的な傾向として，実験参加者はロゴの呈示回数の多かった洗剤ブランドを多く選んだだけでなく，その傾向はメッセージあり条件でいっそう強まったのです。メッセージなし条件でロゴの呈示回数が多かった洗剤ブランドを選んだ割合は58.9%だったのに対して，メッセージあり条件では70.7%でした。

　実験の中でメッセージあり条件の参加者には，個々の洗剤についたメッセージの良し悪しについても評価をしてもらいました。すると，同じメッセージでも，ロゴの呈示回数が多かった洗剤に添えられてい

たときのほうが，呈示回数が少なかった洗剤に添えられていたときより，洗剤としてより優れた効能をあらわすメッセージであるとして肯定的に評価していました。これはロゴの呈示回数の違いによって作り出されたはずの洗剤の魅力の差が，メッセージの優劣の差として知覚されていたことを意味します。メッセージの優劣によって2つの洗剤の魅力の差を知覚するようになった実験参加者は，カタチの上で商品を選ぶより強力な理由を得ることができたのです。

コマーシャルで見聞きしたことが洗剤購入の決め手になっているが，本人は洗剤の効果をもとに選んでいる気になっている

　消費者は広告から受ける影響を自覚できないことがあります。この実験は，消費者が広告の隠れた力に誘導された好みを，実際には異なるもっともらしい理由をつけて正当化してしまうことがあること，また，そのことによって，広告から受ける影響が強まる可能性があることを示したといえます。

　さらに，やや恐ろしいことですが，消費者を巧妙に誘導するヒント

もこの研究にはあります。消費者行動研究では，消費者の選択を誘導するには，相手にその影響を自覚させることなく働きかけることが有効であることが指摘されていますが，この研究で得られた知見からは，好みの原因の取り違えを誘発させるような環境を作ることも消費者の選択を誘導するのに有効であるということもできるのです。

まとめ

　自らの行動について，その選択や判断の理由をたずねると，多くの人はそれらをもっともらしく説明します。しかし，本人が偽るつもりなく答えた理由であっても，必ずしもその選択と判断を導いた心的プロセスが反映されているわけではないことをこの章で見てきました。私たちは，自分の選択や判断が受けている影響やその影響源を自覚できずにいることがあり，実際には関連のない要因や心的プロセスがその選択や判断に関わっていると誤って考えることがあるようです。

　ストッキング実験では，陳列位置によって選ぶストッキングが大きく変わっていたにもかかわらず，買い物客は「伸縮性がいいから」とストッキングを選んでいました。洗剤実験では，ロゴを繰り返し呈示されたことで特定ブランドの洗剤を好むように誘導されたにもかかわらず，実験参加者は「汚れ落ちがよさそうだから」とその洗剤を選んでいました。自分の判断基準に従って選択しているつもりであっても，それはあくまで「つもり」であって，その選択は無自覚な心的プロセスに導かれているのです。

　自分のことは自分が一番わかっていると思いがちですが，選択や判断については，それをおこなったのは自分であっても，ある意味で，自分の中にいるもう一人の「自分」がそれをおこなっているのです。そんな他人のような自分の選択や好みの理由を説明するとき，それは，まさに日常生活において私たちが他人の心を推測するようなかたちになります。「伸縮性がいいから選んだのではないか」や「汚れ落ちが

いいから選んだのではないか」といった具合に，選択や好みをうまく説明できそうな理由を探しながら，自分の心の内側を限られた手がかりを用いて推測していくのです。

　どうしてこれを選んだのか。これのどんなところがいいか。日常生活で自分の選択や好みの理由を考えることは少なくありません。それはきっと，自分の選択や好みがどのようなことから影響を受けているのかを明確にしたり，どのようなことに満足や喜びを感じるのかを頭の中で整理したりすることで，より良い決定をおこなうことができると考えているからでしょう。しかし，他人の心を正確に把握することができないのと同じように，自分の中で無意識のうちに働く心を捉えるのは容易ではありません。そのため，意思決定者は自らの選択や判断に対して，もっともらしいけれども間違った「理由」を与えることになります。こうした間違った理由に基づいて選択や判断をおこなうとき，洗剤への好みの影響源を取り違えて広告から受ける影響が強まったように，本人も想定しなかったであろう結果がもたらされるのです。

　残りの章も引き続き，私たちの意思決定に関わる意識と無意識のズレに焦点を当て，こうしたズレが日々の生活にどんな結果をもたらしているのかを見ていきます。選択に潜む隠れた影響力に目を向けることは，その選択をおこなう隠れた自分を見つけることになるはずです。日々の生活における選択行動と自分という存在を改めて見直してみましょう。

「差別していない」は本音か言い訳か
──選択を説明する 2

　現代，平等主義的な価値観が社会に浸透し，差別や偏見，あるいはそれらを助長するステレオタイプ的な考え方は徐々に個人としても社会としても抑制されるようになってきています。仮に偏見やステレオタイプ的考え方を抱いていたとしても，表立っては差別的な振る舞いをしないように気をつける人が多いでしょう。しかし，私たちは自分の判断や選択を完全に意識的にコントロールできているわけではありません。意識的コントロールの外で自動的に判断や決定が導かれることがあります。誰かを評価したり判断したりする対人的な状況において，意思決定者は自らの判断や決定をうまく舵取りすることができているのでしょうか。十分な自覚なく，色眼鏡をかけて人を評価したり，差別的な振る舞いをしたりしていないか検討します。

「オートコンプリートの真実」

　Googleで検索をしたことがない人はほとんどいないでしょう。何気なく使っているGoogleの検索エンジンですが，オートコンプリートと呼ばれる機能を知っていますか。検索ワードを入力すると，そのワードと関連が強いワードや，他のユーザーがそのワードと一緒に検索しているワードが「予測ワード」として表示される機能です。
　たとえば，「東京」と入力すると「東京　天気」「東京　観光」といったワードが表示されます。「東京」が検索されるとき，「天気」や「観光」といったワードが一緒に検索されやすいことをあらわしています。野球選手の「イチロー」を入力すると「イチロー　tシャツ」「イチロー

6章 「差別していない」は本音か言い訳か——選択を説明する2

名言」といったワードが表示されます。そういう組み合わせで検索している人が多い、ということですね。

では、「women should」（女性　あるべき）と入力するとどんな予測ワードが出てくると思いますか。この予測ワードにはネット上で「women should」という言葉の後に続きやすい言葉が表示されることになりますが、そこからは女性がどうあるべきかに関して人びとが抱いている意識が垣間見えるはずです。

国連ウィメンが検索ワード「women should」、「women need to」、「women cannot」などから表示される予測ワードに注目して2013年に展開した「オートコンプリートの真実（The Autocomplete Truth）」という意識啓発キャンペーンがあります。国連ウィメンは「ジェンダー平等と女性のエンパワーメントのための国連機関」（文献［60］）です。下の画像はそのときに使われたものです。

キャンペーンがおこなわれた当時ですが、「women should」と入力すると「women should stay at home」「women should be slaves」「women should be in the kitchen」といったワードが表示されました。同じく「women need to」と入力すれば「women need to be

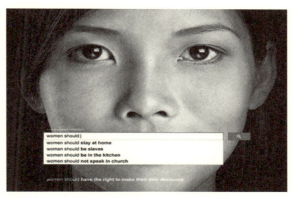

国連ウィメン「オートコンプリートの真実」（文献［61］）

controlled」や「women need to know their place」などのワードが並びました。さらに「women cannot」と入力すれば「women cannot drive」や「women cannot be trusted」などのワードが並び，「women shouldn't」と入力すれば「women shouldn't work」や「women shouldn't have rights」などのワードが並びました。

　これらのフレーズからは，ネット上には「男は仕事。女は家庭」といった古めかしい男女の役割分担をあらわす言葉や男尊女卑的な言葉があふれていることが分かります。

　オートコンプリートの正確なアルゴリズムが公開されていないので，これらの検索ワードと予測ワードの組み合わせから女性が差別されていると決定的な主張をおこなうことはできないのですが，ネット上に女性の能力や地位を軽んじたり制限したりする言説があふれていることをあらわす無視できない状況証拠となっているのではないでしょうか。

　現代，女性の社会進出が進み，社会のさまざまな分野で活躍する女性が増えていく中で，性差別は過去のものとして忘れ去られつつあります。しかし，国連ウィメンはオートコンプリートで「women should」や「women need to」からサジェストされる予測ワードの中にいまだ女性が差別的な扱いを受けている現実を「発見」し，この事実に今一度目を向けるよう世界に訴えたのです。このキャンペーンで国連ウィメンが発した「women should have the right to make their own decisions」というメッセージが印象的です。

「母親　無職」と「父親　無職」に続くのは？

　もう1つオートコンプリートからの話題です。

　「男は仕事。女は家庭」という考え方はさまざまな文脈で女性と男性に対する反応に影響を与えています。たとえば，日本語で「母親　無職」と入力すると「親権　母親　無職」や「ベビーシッター　母親

6章 「差別していない」は本音か言い訳か——選択を説明する2

無職」といった育児・養育に関連したワードが出てきます。母親と無職という言葉がネット上で書き込み・検索されるとき、家庭や家族を守る役割を担う存在としての母親に焦点が当たりやすいことがうかがえます。

Google オートコンプリート：「母親　無職」に対する予測ワード
（https://www.gogle.co.jp 2016年9月30日検索）

「父親　無職」と入力するとどうでしょう。「父親　無職　恥ずかしい」や「父親　無職　死ね」といったワードが出てきます。父親と無職という言葉がネット上で書き込み・検索されるとき、仕事を担う存在としての父親に焦点を当たりやすいことが伺えます。仕事をする役割を求められている中で無職の父親には厳しい目が向けられることをあらわしています。

Google オートコンプリート：「父親　無職」に対する予測ワード
（https://www.gogle.co.jp 2016年9月30日検索）

国連ウィメンの「オートコンプリートの真実」もあわせて、オートコンプリート上であらわれるジェンダーに関わる予測ワードと検索ワードのつながりは「男は仕事。女は家庭」という意識やが社会にまだ根強く残っていて、人びとの言動を方向づけていることを示唆して

129

います。

性別役割分担意識

「男は仕事。女は家庭」という考え方について皆さんにも質問してみましょう。こちらの質問に答えてください。

「女性の居るべき場所は家庭であり，男性の居るべき場所は職場である」という考え方についてあなたはどのように考えますか。あてはまる選択肢を選んでください。
・賛成
・どちらかといえば賛成
・わからない
・反対

性別役割分担意識と呼ばれる意識についてたずねる質問になります。個人の能力ではなく，「男は仕事。女は家庭」だとか「男性は主要な業務。女性は補助的な業務」といったように，性別を理由に役割分担をおこなう考え方に対して賛成か反対かの意識を問うものです。

この質問を使った調査は継続的におこなわれています。1979年の調査では「賛成」「どちらかといえば賛成」をあわせた「賛成」が70%を超えていましたが，2014年には45%程度まで低下しています。また，回答者の性別で比較すると，女性のほうがこうした考え方に賛成する割合は低くなっています。また，回答者の世代別に見ると，若い世代ほど賛成する割合が小さくなっています。これらのデータは，だんだんと，男女の役割分担についての伝統的で固定的な考え方が薄れてきていることをあらわしているようにみえます。

しかし，そうだとすると，「オートコンプリートの真実」で浮かび上がってきた女性を家庭に縛り付ける伝統的な性別役割分担意識や男

6章 「差別していない」は本音か言い訳か——選択を説明する2

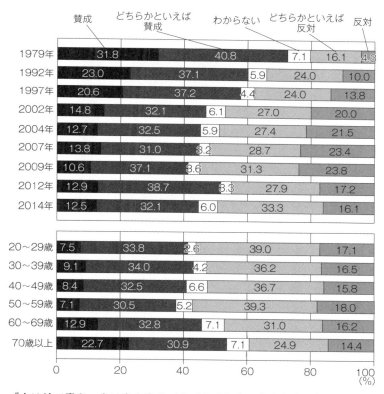

「夫は外で働き，妻は家を守るべきである」という考え方に対する意識
(上図：文献 [62] および [63] より作成。下図：文献 [63] より作成。)

尊女卑的な考えはなんだったのでしょうか。社会全体の大きな流れの中でこうした意識がだんだんと薄れていく中にあって一部のユーザーが例外的におこなっている活動がベースとなったものだったのでしょうか。大局的に見て，伝統的な性別役割分担意識や性差別的な意識は過去のものになりつつあると言ってよいのでしょうか。

　この問題についてもっと検討していきましょう。

ドクター・スミス課題

いったん話題転換です。次のクイズをやってみてください。

　ドクター・スミスは，アメリカのコロラド州立病院に勤務する腕利きの外科医。仕事中は，常に冷静沈着，大胆かつ細心で，州知事にまで信望が厚い。ドクター・スミスが夜勤をしていたある日，緊急外来の電話が鳴った。交通事故のけが人を搬送するので執刀してほしいという。父親が息子と一緒にドライブ中，道路から谷へ転落し，車は大破，父親は即死，子どもは重体だと救急隊員は告げた。20分後，重体の子どもが病院に運び込まれてきた。その顔を見て，ドクター・スミスはアッと叫び，そのまま茫然自失となった。その子は，ドクター・スミスの息子だったのだ。さて，ここで問題。交通事故に遭った父子とドクター・スミスとの関係を答えよ。（文献 [64]）

すぐに答えが思いつかなくても，3分くらいは考えてみましょう。
　授業でこのクイズを出すとたいていの受講生は答えに窮してしまうのですが，考えに考えて「ドクター・スミスと別れた前の奥さんが子どもをつれて再婚していて，その子どもが新しい父親と一緒にいた」とか「不倫相手との間に生まれた子どもだった」といった回答が返ってきます（文献 [64]）。複雑な事情をからめた回答ですが，これらに共通しているのは，ドクター・スミスが男性であるという前提にたって子どもとの関係を推測しているという点です。
　いずれの回答も間違いではないですし，可能性としてありえます。しかし，もっとシンプルなのは「ドクター・スミスはその子の母親である」という回答になります。ドクター・スミスは女性なのです。
　「外科医」と聞くだけでドクター・スミスを男だと思ってしまう。

このクイズを通して、そうした思い込みを自分が持っていることに気がつきます。「男性＝医者」「女性＝看護師」「男性＝支配的」「女性＝依存的」といったように特定のジェンダーと職業や性格特性などを結びつけた固定観念をジェンダー・ステレオタイプと呼びます。

性別役割分担意識に関する世論調査で確認したように、現代は「男は仕事。女は家庭」といった古めかしい性別役割分担の考え方に賛成する人が減ってきていますが、相変わらず少なくない人が、旧態依然としたジェンダー・ステレオタイプを持ち続けていること、また、このステレオタイプ的知識が無自覚のうちに私たちの思考に入り込み、対人的な情報処理を方向づけていることがこのクイズからわかります。

授業の中でこの話をするときは、最初に性別役割分担意識の質問をしたあと、いったん別の話題に移ってから、クイズをやってもらいます。性別役割分担意識の質問に回答した直後にクイズに取り組むと、察しの良い学生は「あ、このクイズは性別が関係しているんだろうな」と気づいてしまうからです。本書では、他の話に脱線するわけにもいかなかったので、性別役割分担意識をおたずねした直後にクイズをやってもらいました。ですので、スミスが女性だと気づきやすかったかもしれません。

性別役割分担意識とステレオタイプ

ここで注目したいのは、性別役割分担意識をたずねる質問での回答とクイズでの回答との関連です。伝統的な性別役割分担に否定的な考えを持っているほど、「外科医＝男性」という思い込みや決め付けも弱くなりそうです。そうした人ほどスミスが子どもの母親であると気づきやすそうではあります。

しかし、授業での学生の反応を見ていると、まったくそんなことがありません。性別役割分担意識をたずねる質問で「反対」や「どちらかといえば反対」と回答して、伝統的な性別役割分担意識に否定的な

反応を示す学生であっても,ほとんどがドクター・スミスを男性だと思い込み,子どもの母親であることに気がつかないのです。

性別役割分担についての意識と,ジェンダー・ステレオタイプはひとつながりのものではなく,別々に私たちの頭の中で形成されているようです。意識的には伝統的な性別役割分担に関する考え方について否定的な考えを持っていたとしても,頭のどこかに性別と職業を結びつける固定観念が知識として残っていて,対人的な情報処理を方向づけているといえます。

平等主義的な価値観を身につけていたとしても,旧態依然としたステレオタイプに従って対人的な情報を処理する傾向があることは,実験室実験からも数多くの証拠が得られています。

社会心理学者のディヴァインは人種差別に関する平等主義的な価値観と人種ステレオタイプが対人判断で別々に働くことを示しています(文献 [65])。彼女のおこなった実験では,まずアンケートで「アメリカでは黒人差別はもうない」といった質問項目にどのくらい賛成するかをたずね,実験参加者の人種的偏見の強さを測定しました。このアンケート結果をもとに,参加者を低偏見グループと高偏見グループに分けました。

次に,ドナルドという人物がやや攻撃的に振る舞っている状況を描写した文章を読ませ,このドナルドという人物からどんな印象を受けるかをたずねました。ただし,この印象をたずねる課題の前に,実験参加者には閾下呈示で英単語を見せました(1000分の80秒というスピードで呈示したので,参加者は何が呈示されているか自覚できないまま,単語を見たことになります)。単語には,「water」や「people」といったニュートラルな意味の単語と,「Blacks」や「Negroes」など黒人に関連した単語がありましたが,実験参加者の半数には黒人関連語をたくさん呈示し(呈示した単語の80%),残り半数にはそれほど呈示しませんでした(20%)。黒人関連語を(無意識ながらも)たくさん見ていたことが,その後のドナルドの印象についての判断に影響を与えるか

を調べたわけです。

　実験の結果，黒人関連語にたくさん接触した参加者は，少なかった参加者と比べて，ドナルドのことを敵意が強く攻撃的であると評価しました。黒人関連語に事前にたくさん触れていると，同じ行動から「敵意」や「攻撃性」を強く感じるようになったのです。これはどういうことでしょう。「Blacks」や「Negroes」といった黒人に関連した言葉には「敵意がある」や「攻撃的」といったイメージが結びついていると考えるとこの実験結果をうまく解釈することができます。「外科医＝男」といった結びつきがドクター・スミスの性別の判断を特定方向に偏らせたのと同じように，「黒人＝攻撃的」というステレオタイプ的知識がドナルドの行動の解釈を特定方向に偏らせたと考えられるのです。

　日常生活で，「あの人，怖い人だよ」と教えられると，その人物のなんてことのない言動が怖く感じられることはありませんか。頭の中で使用されやすくなった「怖い」といった概念が，相手の言動を解釈するのに使われているわけです。それと同じように，「Blacks」や「Negroes」などの言葉に触れたことで，「黒人＝攻撃的」といった知識が頭の中で活性化して，「攻撃的」というフィルターを通してドナルドの行動を解釈しやすくなったと考えられるのです。

　さらにここで重要なのは，こうした影響が低偏見グループでも高偏見グループでも等しく確認されたことです。この結果をもとに，ディヴァインは，黒人などの対象に抱いているステレオタイプ的な知識（「黒人＝攻撃的」といった知識）と，人種差別に関連した平等主義的な価値観（人種を理由に特定の人に対する接し方を変えてはいけない，といった価値観）は対人判断で独立して機能すると主張しました。

　ドクター・スミス課題でも見たように，ステレオタイプ的な知識が本人の自覚しにくい自動的な反応をもたらす一方，平等主義的価値観のような個人的な信念はもっと意識的にコントロールがきく反応のベースになっていると考えられます。「男は仕事。女は家庭」という

ステレオタイプ的知識を持っていたとしても，アンケートで男女の性別役割観について回答するときは，「男女等しく仕事を分担するのが望ましい」といったように，意識的なコントロールのもと回答がおこなわれるのです。その結果，両者の反応にギャップが生まれるのです。

職業と性差別

　ステレオタイプが私たちの対人判断を方向づけていることがわかりました。しかし，方向づけているといっても，私たちの生活に何か重大な問題が起こることはあるのでしょうか。これまでの話では，単にクイズでつまずきやすくなる程度のことしか起こっていません。

　病院が外科医を採用するケースを考えてみましょう。採用担当者が「外科医＝男性」というステレオタイプを持っていることが男性候補者に有利に働いて女性候補者が不利になるとしたらそれは問題です。しかしながら，こうしたステレオタイプを持っていたとしても，性別ではなく能力こそが大事だと考え，応募者の能力をベースに選考をおこなえば問題は起こらないはずです。

　仕事と性別に関するジェンダー・ステレオタイプには「建設業＝男性」「秘書＝女性」「管理職＝男性」「事務職＝女性」などさまざまなものがありますが，これらのステレオタイプを持っていることが差別的な言動に直接的につながっているのかどうかこそが重要な点です。実際のところどうなのでしょうか。

　この問題を考える手がかりになる研究があります（文献 [66]）。「建設業＝男性」というステレオタイプが建設会社における人材採用に与える影響を調べた実験です。リアルな選考場面ではなく，建設会社の幹部を採用するという架空のシナリオのもと，大学生の実験参加者に採用担当者の役をやってもらったものなのですが，現実場面での選考で何が起こっているのかを探るヒントとなります。

　実験参加者は全員男子学生でした。参加者は最初に，建設会社幹部

6章 「差別していない」は本音か言い訳か——選択を説明する 2

の採用担当の役をするという自分の役割についてインストラクションを受けた後, この幹部のポストには工学の知識と建設業界での経験が求められるという説明を受けました。そのあと, 5名の候補者のプロフィールを受け取りました。プロフィールには候補者の経歴や工学の知識などの情報が記載されています。

参加者はプロフィールを見て5名の候補者に順位をつけました。ただし, 実際のところ, 5名のうち2名 (候補者Aと候補者B) が明らかに優れており, 実質的にはこの2名の一騎打ちになるようなプロフィール構成になっていました。2名だけを比較させると, 実験者が何を実験的に操作しているのか参加者に勘づかれてしまい, それが実験結果に影響を与えてしまうことを避けるために, 3名をダミーで入れたかたちになります。ですので, ここからはこの2名の候補者に限定して話を進めます。

参加者は3つのグループに分けられました。1つ目のグループは性別情報がない状態で候補者を評価しました。性別情報がある条件と比較するための統制条件となります。このグループの反応は, 性別情報を追加したときの効果をあぶりだすためのベースラインとなります。候補者のファーストネームをイニシャルで記すことで, 氏名から性別がわからないようにされました。プロフィールは簡単に整理すると以下のようになります。知識では候補者Aが優れているのに対して, 経験では候補者Bが優れています。

	候補者A	候補者B
知識	工学博士, 米国コンクリートブロック協会の認定	工学博士
経験	5年	9年

その結果, 76%の参加者が候補者Aをもっともふさわしい人物に選びました。つまり, 今回の実験シナリオと実験参加者の傾向から, ベースラインとしては, 経験よりも知識があるほうがその建設会社の

幹部に向いていると判断されることがわかりました。

2つ目のグループでは性別情報が追加されました。ファーストネームにマイケル（男性に典型的な名前）やミシェル（女性に典型的な名前）といった名前を使うことで候補者の性別がそれとなく分かるようにしました。候補者Aが男性で候補者Bが女性です。プロフィールは性別情報が追加された以外は統制条件で使用されたものと同じです。

	候補者A	候補者B
性別	男	女
知識	工学博士，米国コンクリートブロック協会の認定	工学博士
経験	5年	9年

その結果，このグループも，統制条件と同じく，75%の参加者が候補者Aをふさわしい人物として選びました。統制条件と同じく，参加者はこのポストには経験よりも知識が重視されると考え，候補者の知識レベルに基づいて判断したように見えます。

3つ目のグループでは，2つ目のグループとは逆の性別の設定にしました（2つ目のグループと同じくファーストネームで性別を操作しました）。候補者Aが女性で候補者Bが男性です。それ以外の情報は変わっていません。知識を重視した判断がここでもおこなわれたら，上記2つのグループと同じく，候補者Aが選ばれやすくなるはずです。

	候補者A	候補者B
性別	女	男
知識	工学博士，米国コンクリートブロック協会の認定	工学博士
経験	5年	9年

しかし，このグループでは，候補者Aの選択率は43%にまで低下しました。性別以外のプロフィールは他の条件と同じだったので，女

6章 「差別していない」は本音か言い訳か——選択を説明する 2

性であるということが、候補者 A に不利に働いたと考えられます。どういうことでしょうか。

　この実験では、候補者に順位をつけてもらった後、参加者にどのような点を重視して候補者を選んだか自由に記述してもらいました。この自由記述からは、最初のグループも 2 つ目のグループも候補者の知識を重視したという理由を数多くつ挙げていました（それぞれ 48% と 50%）。この 2 つのグループはどちらも知識レベルが高い候補者 A を選んでいたので知識を重視したという理由を挙げるのは話として辻褄があいます。

　それに対して、3 つ目のグループで知識を重視したと回答したのは 22% に過ぎませんでした。候補者 A の強みである知識を重視しなくなっていたのです。これは男性候補者が有利になるように評価基準を変えたことをあらわしていると考えられます。3 つ目のグループに与えられたプロフィールでは、知識を重視して候補者選びをすると、「建設業＝男性」というステレオタイプが描きだす候補者像に反して、女性候補者を採用せざるをえません。そのため、知識重視の評価をやめ

女性候補者が優れた資質として「資格」を持っているが、本心では男性をとりたいので、女性候補者の資格が重要でない、と採用基準を面接官が変えている。

たといえそうです。「建設業＝男性」というステレオタイプに一致した男性候補者が不利にならないように評価基準を変えたといえるでしょう。

しかし，興味深いことに，自由記述で性別を重視したと回答した参加者は全体的に非常に少数でした。性別を重視したという回答は男女差別と受け取られかねないため，積極的に書かなかったのかもしれません。あるいは，性別情報から影響を受けていたことに自分自身が気づいていなかったのかもしれません。この点については，次にお話しする研究の中で改めて検討します。

以上，研究をまとめると，皆さんの多くがドクター・スミスのクイズに取り組んだときに意識せずとも「外科医＝男性」というステレオタイプが心に浮かんだように，この実験の参加者も，建設業の幹部を採用するというシナリオのもと，「建設業＝男性」というステレオタイプが頭に思い浮かんだと想像されます。このステレオタイプが描きだす候補者像に一致する男性候補者を採用しようとする力が働いたのでしょう。しかし，男性であることがその候補者を採用する決め手になっていることを隠すかのように，参加者は男性候補者が有利になるよう評価基準を変更したのです。

客観性の幻想

ここで1つの疑問を挙げることができます。建設会社幹部に男性を採用しようと贔屓したのは，一部の性差別主義者だったのではないかというものです。「建設業＝男性」というステレオタイプを持っていたとしても，実力主義や平等主義的価値観にのっとり候補者を評価するよう心がければ，このような差別を避けることができるはずだと主張することはできます。

しかし，こうした差別的な評価は評価者自身が自覚なくおこなっていることを示唆する研究があります（文献［67］）。ウルマンらの研究

6章 「差別していない」は本音か言い訳か──選択を説明する2

では、大学生の実験参加者に警察署長の人事採用というシナリオのもとで候補者を評価してもらいました。ちなみに、警察署長は男性とステレオタイプ的に結びついた職になります。

その結果、建設会社幹部採用の実験と同じように、参加者は男性候補者に対して評価基準を都合よく変え、男性候補者を署長にふさわしいと評価する傾向がありました。具体的には、男性の候補者が教養ある人物のときには、教養が警察署長として成功する上で重要であると判断したのに対して、叩き上げでのしあがってきたような人物のときには、教養はそれほど重要でないと判断し、贔屓目で評価されたのです。候補者が女性のときは、こうした評価基準の変化もなく、贔屓もおこりませんでした。

さらにここがウルマンらの研究で重要な点なのですが、この実験では、実験参加者に自分が候補者をどのくらい客観的に判断できていると思うか自己評価してもらいました。参加者が正直に答えれば、男性候補者が有利になるように評価基準を変えていた参加者は、自分の判断が客観的であったとは答えないでしょう。しかし、この自己評価と評価基準を都合よく変更する傾向との関連を調べたところ、客観的に判断したと自己評価した参加者こそが男性候補者が有利になるように評価基準を変えていました。つまり、客観的に判断したと回答した参加者に限って、男性候補者が教養のあるときには教養を重視し、叩き上げタイプの候補者であれば教養を重視しない、といった評価方法をとっていたのです。逆に、自分の判断の客観性を低く自己評価した参加者は、評価基準を都合よく変えるようなことはしていませんでした。

都合よく評価基準を変えていたにもかかわらず客観的に判断していたと答えるなんて、なんて神経が図太い人たちだ、と思われるかもしれません。しかし、よく考えてみると、都合よく評価していたようにみえる参加者は人から指さされるようなバイアスなしに客観的に判断していたと自分で思い込んでしまっていたのかもしれません。

傍から見れば非常に都合のいいことなのですが、教養がある候補者

に対しては教養を重視し、教養がない候補者に対しては教養を重視しなかったという点では、なんらかの基準を定めて、その基準にそって候補者の適性を判断するという手順をとっています。基準を都合よく設定していることに目をつぶれば、候補者の能力をベースに警察署長としての適性を判断している体裁が保たれているのです。そのことが、自分が客観的に判断しているという幻想を抱かせてしまったのではないでしょうか。

こうした幻想は、平等主義的な価値観に基づいて判断を修正することを難しくする可能性もあります。ステレオタイプによって対人判断が歪められようとも、平等主義的価値観を持つ人たちは自らの判断を修正することが期待されます。しかし、こうした平等主義的価値観に基づいた修正は、客観的に判断できているという幻想が入りこむことで、発動しなくなってしまうのです。客観的に候補者の資質を評価していると思いこんでいる限り、自らの判断が歪んでしまっていることに気がつきませんし、それを修整しようとする気も起こらないでしょう。候補者を客観的に評価している幻想を抱くことで差別をおこなってしまうのです。

差別と曖昧さ

採用選考における差別はしばしば応募者の能力が曖昧なことから起こります。応募者の能力が明確でないとき、採用担当者はステレオタイプを使って情報を補おうとします。たとえば、ある女性応募者について十分な情報がないとき、「女性はリーダーシップがない」というステレオタイプの色眼鏡をかけて、その応募者のリーダーシップを低く判断する可能性があります。その結果、その女性応募者の評価も低くなるでしょう。

しかし、これまで見てきた研究では、応募者の能力が明確なときでさえも、差別が起こることが示唆されます。建設会社幹部採用の実験

でも警察署長採用の実験でも，候補者の能力が明確に記述されていた中，どんな能力を重視するのかという評価基準の変化が起こることで差別がおこなわれました。つまり，応募者の能力が曖昧であることからではなく，能力の評価基準が曖昧であることから差別が起こったのです。ステレオタイプに一致した性別の候補者が有利になるように，その候補者がたまたま持ちあわせている能力が職務を遂行する上で重要な適性であるとの都合のよい評価基準の設定がなされました。

では，こうした都合のよい評価が起こらないようにするにはどうしたらよいのでしょうか。シンプルですが，評価基準の曖昧さに注目した対策が考案されています。それは，候補者のプロフィールをみる前に，評価基準を明確に定めておくというやり方です。はっきりした基準にコミットさせることができれば，特定の候補者に都合よい判断をすることを防げるはずです。

ウルマンらはこうした予想をテストするために，上記と同じ警察署長を採用選考するシナリオ課題を用いて，候補者のプロフィールを読む前に，どんな能力が重要であるかを評価させるという実験操作を加えました。その結果，予測どおり，候補者の性別によって評価基準が変わるのを防ぐことに成功し，女性への差別を抑えることができました。

現実の採用選考では，ある程度の採用基準は決めてはおくものの，候補者との面接を終えたのち，採用担当者同士の話し合いの中で採用基準を決めていくというケースが多く見受けられます。候補者の多様な能力を評価するためには事前に評価基準を定めておくことは難しいという理由が大きいでしょう。しかし，これまで見た研究から，こうした評価方法は時に自覚のない差別的な選考を引きおこす危険があります。多様な人材を採るために評価基準を固定しすぎないことと，そして，差別が起こらないよう評価基準を自由にしすぎないことのバランスが求められるといえるでしょう。

まとめ

　前の章に引き続き，私たちの意思決定に関わる意識と無意識のズレに焦点を当て，対人場面における自動的で無自覚な反応と，意識的な反応について検討を加えてきました。外科医や建設業幹部といった職業を聞いただけで，それらの職業と結びついたジェンダーを連想し，その後の判断や評価を歪めてしまうことを確認しました。差別しようという意図がなく自動的に生じる情報処理が，差別的な判断や評価をもたらしているのです。外科医といえば男性を連想してしまうように，ステレオタイプは「知識」として社会生活の中でいつの間にか身につけられており，自覚しないかたちで，人びとの判断や決定に入り込んできているようです。自分がどのような価値観を大切にしている人間であるかという自覚とは別に，自らの判断と決定を支える情報処理過程に目を向け，日頃の対人場面における自分の振る舞いを見直すことは，よりよい人間関係，社会生活を営んでいくうえで欠かせないのではないでしょうか。

7章 無理に理由を考えるとどうなるか
——選択を説明する3

　何か判断や選択をする前に、じっくりその良し悪しを考えたほうがよいという考えは広く社会に受け入れられています。ある選択肢を手に入れることで得られる喜びや満足を事前に把握することができれば、いくつかある選択肢の中から、より大きな喜びと満足が得られると予想できるものを選ぶことができるからです。しかしながら、何がどのように自分の喜びや満足を左右するのか、そのこと自体を人は自覚できているとは限りません。このようなとき、選択肢の良し悪しや好き嫌いを慎重に吟味するとどうなるのでしょうか。好みの理由が明確でないものについて無理に好き嫌いを意識化・言語化するとき、どんな判断が導かれることになるのか検討していきます。

絵画実験
——「2つの絵画について答えてください」

　2つの絵画作品の印象についておたずねします。
　いきなり、好き嫌いの印象を答えてもらう前に、それぞれの作品について、どんなところが好きだと感じるか、その理由について考えてくれますか。まず、下の作品について、好きだと感じる理由を分析し、その理由をできるだけたくさん挙げてください。2分でお願いします。

文献［68］より

次に，こちらの作品です。同じく，どんなところが好きと感じるか，その理由をできるだけたくさん挙げてください。こちらも2分でお願いします。

文献［69］より

最後の質問です。あなたは，どちらの作品が好きですか。好きなほうを選んでください。

7章 無理に理由を考えるとどうなるか──選択を説明する3

好かれも嫌われもする作品

　2つの絵画作品の印象について伺いました。この一連の質問は以前，私がおこなった実験の一部です（文献［70］）。この手順のとおり，実験参加者は2つの作品それぞれの好きな理由を考えたあとに，好きな作品を選びました。なお，実験時には作者とタイトルは伏せてありましたが，1つ目はジョージア・オキーフ（Georgia O'keefee）作の「ヒナゲシ（Poppies）」という作品で，2つ目はマーク・ロスコ（Mark Rothko）作の「無題（Untitled）」という作品になります。2人は，いずれも米国の現代画家として著名な人です。

　この実験では他に2つの参加者グループがありました。2つ目のグループは，最初に理由を考えてもらう段階で，「どんなところが悪く感じるか，その理由について考えてくれますか。下の作品から悪い印象を受ける理由を分析し，その理由をできるだけたくさん挙げてください」というインストラクションを受けました。つまり，良い印象ではなく，悪い印象を考えてもらいました。

　3つ目は上記の2つのグループと比較するためのグループです。このグループの参加者は，最初に理由を分析することなく，2つの作品から好きなほうを選びました。

　最初のグループを「好きな理由条件」，2つ目のグループを「嫌いな理由条件」，最後のグループを「統制条件」と呼びましょう。それぞれの条件で選好された作品の割合を図に表します。

　好きな理由条件の参加者たちでは「ヒナゲシ」が人気です。このグループの68％が「ヒナゲシ」を好きな作品として選びました。それに対して，嫌いな理由条件では「ヒナゲシ」が不人気です。「ヒナゲシ」を選んだのは42％でした。統制条件での人気は好きな理由条件と嫌いな理由条件の中間くらいです。「ヒナゲシ」を選んだのは58％でした。3つのグループで選好される作品が大きく違います。何が起こったの

でしょうか。

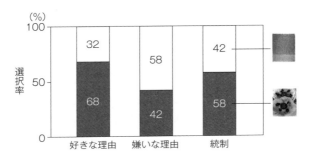

好きな作品として選択された割合（文献［70］より作成）

好悪の理由を分析するのは難しい

　この実験結果は，好みの理由を慎重に考えると作品の印象が変わることがあることを示しています。統制群と比較したとき，好きな理由を考えると「ヒナゲシ」を好む傾向が強まっています。この結果に限ってみると「ヒナゲシ」は慎重に見ると好きになりやすい作品であるかのようです。しかし，嫌いな理由を考えると今度は逆に「ヒナゲシ」を嫌う傾向が強まっています。この結果に限ってみると「ヒナゲシ」は慎重に見ると嫌いになりやすい作品であるかのようです。矛盾する結果です。なぜ，好きな理由を考えると好きになる絵が，嫌いな理由を考えると嫌いになるのでしょう。

　実験結果を説明する前に，やや遠回りになりますが，自分の気持ちを理解したり説明したりするときに起こる身近な経験に目を向けてみましょう。

　皆さん，自分の気持ちを表現するのに困ったことはないでしょうか。私は，素晴らしい景観を見たとき，感動的な音楽と出会ったとき，美味しい料理を食べたとき，自分がなぜそのような気持ちになったのか

をうまく言い表せないことが多々あります。知り合いの建築家がある歴史的な建築物についてわかりやすく説明してくれたとき、さすが専門家は知識と語彙がちがうものだと感心してしまったことがあります。

外国語で話したり書いたりするとき、適切な言葉がわからず、伝えたかったこととズレてしまったり、物理学や心理学などを勉強しているとき、概念がうまく理解できず、問題をうまく定式化したり表現したりできないといったことも、同じような問題でしょう。

自分の感情や思考をうまく表現できないのは、それを表現する知識や語彙が足らないことに少なからぬ原因がありそうです。知識や語彙が豊富であるほど、感情や思考をうまく表現できるようになるという考えには皆さんもうなずくのではないでしょうか。

難しくても、無理に理由を分析すると何が起こるか

冒頭で作品のどんなところから良い印象を受けるかその理由を挙げてくださいとたずねたとき、皆さんの多くは難しいと感じたのではないでしょうか。この研究はまさに、うまく理由を挙げることができないことがらについて、あえて理由を挙げようとするときに何が起こるかを調べることを目的としていました。

作品について何も知らない。絵画に詳しいわけでもない。そんなときに、作品の良し悪しや好き嫌いの理由を分析することになれば、無理に理由を挙げなくてはいけません。

前の章で、自分の行動や感情の理由を考えるとき、人はいかにも好みを左右するように見えるもの、利用可能性の高いもの、言語化しやすいものに注目する傾向があると指摘しました。

理由を挙げてくれた方はおそらく、作品の特徴や印象を明確に理解したうえで好き嫌いを左右する理由を突き止めたというより、なんとなく作品の印象に関わるように見えるところ、言葉であらわしやすいところなどに注目して理由をひねり出してくれたのではないかと思い

ます。

　実験参加者はどんな理由を挙げていたのでしょうか。好きな理由条件の参加者が書き出した理由を見てみると，苦労しながらも「ヒナゲシ」にはなんとかいくつか理由が挙がっています。たとえば，「花が大きくて存在感がある（ことが良い）」や「色の違う2つの花のコントラストが美しい」といった比較的具体的な理由が挙がっています。それに対して，「無題」はあまり理由が挙がっていません。言葉数も少なく，たとえば，かろうじて「シンプルさ（が良い）」といった具合です。「無題」の理由を書くのは非常に難しかったようです。

　嫌いな理由条件ではどうでしょう。興味深いことに，ここでも「ヒナゲシ」にはそれなりに理由が挙がっていました。「花が異様に大きくて気持ち悪い」や「雄しべと雌しべがグロテスク（なのが嫌い）」といった具体的な理由が確認されます。それに対して，「無題」はまたもあまり理由が挙がってきません。内容が詳しく書かれていない「シンプルすぎる（のが悪い）」といった理由がほとんどです。

　つまり，「ヒナゲシ」は好きな理由も嫌いな理由も挙がりやすく，「無題」はどちらの理由も挙がりにくいのです。なぜか。ここで注目したいのは「ヒナゲシ」と「無題」の特徴です。「ヒナゲシ」はご覧の通りヒナゲシの花をモチーフに描いた具象画です。それに対して「無題」は何が描かれているのかわかりかねます。少なくとも私にはわかりません。タイトルもありません。抽象画です。

　もうおわかりでしょう。「ヒナゲシ」は「花」「雄しべ」「雌しべ」「花びら」「空」など言葉にしやすい特徴がたくさん含まれているため具体的に理由を書きやすいのです。これらの言葉を使うことによって，絵の特徴に触れながら，好きな理由と嫌いな理由のどちらも作り出すことが容易になるのです。

　「無題」は視覚的な手がかりも言語的な手掛かりも少なく，作品から受ける印象どころか，どんな作品であるかさえ記述することが難しい作品です。このような作品に対しては，好きな理由も嫌いな理由も

7章 無理に理由を考えるとどうなるか——選択を説明する3

思い浮かべることが難しい作業だったと考えられます。

実験では，理由を挙げるのがどのくらい大変だったかについても質問しましたが，参加者の回答は，「ヒナゲシ」は，「無題」と比べて，好きな理由も嫌いな理由も容易に挙げることができた，というものでした。統制群では「ヒナゲシ」が若干好まれていたので，第一印象では「ヒナゲシ」が好ましい印象を与えやすい作品であったと考えられます。それにもかかわらず，好きな理由と嫌いな理由のどちらも挙げやすかったということは，「ヒナゲシ」は好ましい印象を与える作品だから好きな理由を挙げやすかったというよりも，理由を書きやすい特徴を備えているために理由を挙げやすかった，といえるでしょう。

これで，理由を考えると，なぜ同じ作品が好かれも嫌われもするのかという当初の疑問に答える準備が整いました。好きな理由を考えたとき，「ヒナゲシ」は理由を作り出しやすかったので，理由を作りにくかった「無題」よりも，好きだと判断されたのです。同様に，嫌いな理由を考えたときも，「ヒナゲシ」は理由を作り出しやすかったので，理由を作りにくかった「無題」よりも，嫌いだと判断されたのです。

他の具象画と抽象画でも同じ結果が得られています。下は，ピエト・モンドリアン（Piet Mondrian）が描いた「エレ近郊の森（Woods near Oele）」（左）と「ニューヨーク・シティ（New York City）」（右）という作品です。前者は森の木などを描いた具象画ですが，後者は色と形

文献［71］より

151

からなる抽象画です（美術の専門家からすれば「エレ郊外の森」も抽象画とされる可能性がありますが，本書では「ニューヨーク・シティ」との比較で具象画とします）。

　好きな理由を分析したときには「エレ近郊の森」は 80% もの参加者に好まれましたが，嫌いな理由を分析したときには 35% の参加者にしか好まれませんでした。「エレ近郊の森」に対しては，好きな理由として「暗い森と明るい月が力強く溶けあっているのがきれい」，嫌いな理由としては「森と月がグネグネしていて不安になる」といった理由が挙がっており，やはり視覚的に目立った特徴に基づいて，なんらかの印象の効果を書いているものがほとんどでした。それに対して，「ニューヨーク・シティ」は「黄色い線が心地よい」や「単純すぎる」といった風に，やはり言葉数少なく，参加者は理由を非常に書きにくそうにしていました。ここでも，言葉にしやすい特徴がたくさん含まれる具象画が好きな理由と嫌いな理由のどちらも挙げやすいこと，また，理由を分析すると好まれる方向にも嫌われる方向にも選好が変化することが確かめられました。

「不自然な理由」が作り出される

　何か決定や判断をする前にじっくりその良し悪しを考えたほうがよい，という考えは広く受け入れられているとお話ししました。マネジメントのハウツー本では，いくつか選択肢があるときそれぞれのメリットとデメリットをリスト化して，それらを比較して最適な選択肢を選び取るよう指南がされています。

　また，自分の思考や感情を整理したり理解したりするとき，それらを表現するための語彙が豊富であるほうがよい，という考えも広く受け入れられています。

　絵画実験から得られた知見は，これら 2 つの社会的な通念が常に正しいとは限らないことを示唆しています。良し悪しや好き嫌いの理由

をじっくり分析しても，作品への鑑賞経験が深まるとは限らないようです。分析者は視覚的に目立っていたり言葉にしやすかったりする特徴に注目して，それらがどのような印象をもたらすことになるのか，限られた知識の中で推測して，表面的に理由らしいものを案出しただけのように見えます。

　好き嫌いの理由を容易に記述できることは，それらを正確に記述できることとは同じではありません。絵画鑑賞に関する経験や知識が不足している鑑賞者にとって，作品の印象がどんなことに左右されるのか理解することは難しい課題です。作品中にある視覚的に目立ち，言葉で表現しやすい特徴は，理由を書き出すことを手助けしますが，そこで生み出される理由は表層的なものにとどまってしまうでしょう。理由を記述するように求められた参加者は，作品と自分の好みに関する正確な理解に基づいて印象を判断したというより，不自然な形で作り出された理由に基づいて印象を判断することになったと考えられます。

　言語化を助ける情報が容易に利用できるとしても，人は自らの好みを正確に記述することに失敗してしまうことがあることをこの研究は示しています。特に，個人が，好みを判断するための明確な基準を持っていなかったり，好みをどのように形成しているのかについて自覚がなかったりするとき，こうした失敗は起こりやすいと予想されます。好みを左右する正確な原因を把握することは難しいので，単に語彙の利用可能性を高めるだけでは，好みをより正確に記述できるようになるとは限らないのです。それどころか，そうした環境は，混乱した理由を作り出す温床とさえなるのです。

　以上，理由を分析することと好みの判断との関係について見てきました。次はトピックを絵画から飲物に移して，さらにこの問題について考えていきます。

目隠しテストで芸能人を格付けチェック

「お前たちは果たして何流芸能人なのか」……「芸能人格付けチェック」という人気バラエティテレビ番組では，料理や楽器などの品物について高級品と一般品が用意され，出演者はブラインドテスト（目隠しテスト）によってどちらが高級品かをあてることに挑みます。その成績によって出演者の「格付け」がおこなわれます。

たとえば，ワインを使った「ワインテスト」では，十万円以上するような高級ワインと千円ほどの一般向けワインが用意され，出演者は商品情報が伏せられた状態でそれらをテイスティングし，どちらが高級ワインかをあてます。

この課題は大変に難しいようです。全てではありませんが過去放送分のワインテストの結果を集めてみると，正答率の平均は49%です。この成績はコインを投げて高級ワインか一般向けワインかを決めてい

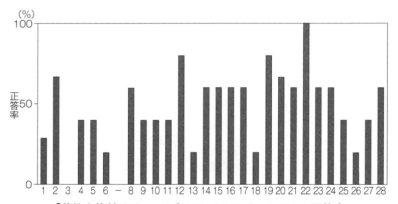

「芸能人格付けチェック」におけるワインテストの正答率
(http://www3.nsknet.or.jp/~shimizuk/ninki.html より作成)
注：「人気者で行こう！」番組内のコーナー企画としておこなわれた第1回から28回までのテスト結果がデータとして含まれる（データが得られなかった第7回は除外）。

るのと変わりません。

　ワイン通を自負する出演者が続々とテストに失敗していきます。1999年3月23日に放送された第1回格付けチェックでは，AとBのワインを飲み比べ，ダウンタウンの浜田雅功が「Aは，なんかザラザラしてた」とコメントしBを高級ワインに選びました。石田純一も「Bが，メチャメチャまろやかで香りのこくが違う」とコメントしBを高級ワインに選びました。YOUも「香りが全然違うんですよ。迷うことなく……」とBを選びました。しかし，正解はAのワインでした。

　視聴者の典型的な反応は「一流芸能人だからといって一流の感性をもっているとは限らない」といったものでしょう。あるいは「高級品と一般品はそもそも大差ないのではないか」といった反応もあるかもしれません。

テイスティング方法と評価の関係は？

　しかし，ここでは違う角度からこのワインテストの結果について考えてみます。ワインテストでの出演者のテイスティングの仕方に注目します。

　このテスト，非常に特殊な状況でワインを評価していると思いませんか。どんなワインであるかの情報が何もない中で，どんな特徴のワインなのか，どんなところが美味しいのか，どちらが高級ワインなのか，出演者はあれこれ分析しながらテイスティングしています。皆さん，ワインに限らず，このような飲み方をしたことはあるでしょうか。

　ラベルがはがされたペットボトルを受け取ったとします。おそらく，この飲み物を飲むとき，皆さんは，どんな味がするのか，美味しいか，変な味がしないか，どのメーカーのなんという商品なのかなどを考えながら慎重に飲むはずです。このような飲み方をするとき，普段と同じ味覚経験が得られるでしょうか。

　以前，東京大学の植田一博研究室で研究員をしていたとき，このよ

うなテイスティング方法と商品評価の関係について考える機会がありました。きっかけはある飲料メーカーの方の話の中で，商品テストのとき消費者から商品についていろいろコメントをもらうのだけど，そのコメントの扱いが難しい，という悩みがあがったところにさかのぼります。

商品開発では消費者の嗜好を調べるためにさまざまなテストをおこないます。消費者の調査協力者にサンプルを与え，「全体的にどのくらい好きであるか」，「どんなところが美味しいと思うか」，「甘みや苦みなどがどのくらい感じられるのか」などを評価してもらったり，自由に気がついたことにコメントしてもらったりします。これらのテストで得られた評価やコメントをもとに，その商品が市場でどのくらい受け入れられそうであるか，どのようなところを改善したらよいのかが検討されるわけです。

メーカーの方によれば，調査協力者から有用なコメントをもらうことができる一方で，中には，本当に味が分かっているのか疑わざるをえないコメントや，その通りに開発するととても売れるとは思えない商品ができてしまうようなコメントも数多く混ざっているという話でした。どうすれば役立つコメントとそうでないコメントを分けることができるかだとか，有用なコメントをしてくれる協力者をどうすれば選び出すことができるか，どんなときにあてにならないコメントが得られやすいか，といった議論が交わされました。この議論をきっかけに，消費者の嗜好を調べるためのより精度の高いマーケティング・リサーチの手法を明らかにする研究に着手しました（文献［72］）。

このときに念頭にあったのは，先ほどお話した絵画実験です。慎重に対象を評価することと評価との関係を調べるという点で同じ構造を持つ問題だったからです。絵画実験を下敷きとして研究全体を設計していきました。

7章　無理に理由を考えるとどうなるか──選択を説明する3

「ペプシ・パラドクス」現象

　研究題材として取り上げたのは，マーケティングの教科書にも取り上げられることの多い「ペプシ・パラドクス」と呼ばれる現象です。ペプシ・コーラとコカ・コーラの飲み比べテストをおこなうと，ブランド情報が伏せられたブラインドテストではペプシ・コーラが美味しいと判断されやすいのに，ブランド情報がわかるオープンテストではコカ・コーラが美味しいと判断されやすい現象をあらわします。

　マーケティング的観点からおこなわれている研究を見渡すと，このペプシ・パラドクスは，味覚特性上はペプシが優れているのに，コカ・コーラ社の巧みなマーケティング活動が，消費者の純粋な好みをひっくり返すことで生じるのだと説明されます。こうした説明は，ブラインドテストは消費者の純粋な好みを測定するのに対して，ブランド情報が利用できるオープンテストはブランド情報によって歪められた消費者の好みを映し出すという暗黙の想定のもとおこなわれています。

「ペプシ・パラドクス」を考え直す

　コカ・コーラ社のブランド力がコーラを美味しく感じさせていることを示す研究もあるのですが，私たちの研究グループは違う視点からペプシ・パラドクスを検討することにしました。

　さきほど，どんなところが美味しいかなど慎重に考えながら飲むと普段と味覚経験が変わってしまうかもしれないのではないかと述べました。なぜそんなことを考えたかというと，意識化したり言語化したりすることが難しいかどうかが私たちの選好の判断が影響を与えていることが関係してくるからです。前章や絵画実験で話しましたが，どんなものが良く感じられるのかだとか，自分の好き嫌いがどんなことから影響を受けているのかについて，私たちは十分に自覚できなかっ

たり，言語化できなかったりすることがしばしばあります。ワインテストでワインを評価した芸能人たちは「メチャメチャまろやかで香りのこくが違う（原文ママ）」だとか「香りが全然違うんですよ」とコメントしていましたが，どれほど正確に味や香りの特徴，美味しさを表現できていたのでしょうか。絵画の「ヒナゲシ」や「エレ近郊の森」を見たときと同じことが起こっているかもしれません。皆さんも，「コーラのどんなところが美味しいか説明してください」とたずねられたら言葉につまるのではないでしょうか。

　人が好き嫌いを説明しようとするとき，いかにも好みを左右するように見える特徴，心の中で利用しやすい特徴，また，言葉にしやすい特徴に注目しやすいことを指摘しました。ワインやコーラの美味しさを慎重に分析するときも，評価者はそれらの飲み物のこうした一部の特徴に注目してしまう可能性があります。これら一部の特徴に注目しながら飲料を飲むと，味覚経験もそれらの特徴を強く反映したものになると考えられます。

　こうした観点に立てば，ブラインドテストで良い，もしくは悪い評価を受ける飲み物が，そのような評価を受けるのは，一部の特徴へのアクセスが強まるテスト状況だからかもしれない，と指摘できます。ペプシ・コーラがブラインドテストでしばしばコカ・コーラを打ち負かすのは，味それ自体の優劣があるというより，分析的なテイスティング方法がペプシ・コーラに有利に働いているからかもしれません。

　長くなりましたが，以上をまとめましょう。ブランド情報がないときでさえ，ブランド情報からの影響を受けない消費者の「純粋な好み」が測定されるわけではないこと，情報がないこと自体が，消費者に慎重な評価を促して，味覚経験になんらかのバイアスを生み出している可能性があること，そして，このバイアスがペプシ・パラドクスを生みだすもう1つの原因となっている可能性があると考え，私たちの研究ではそれを実験的に検証することにしたのです。

ペプシ・コーラとコカ・コーラの味の「違い」とは

　実験を紹介する前に、ペプシ・コーラとコカ・コーラの味覚上の特徴について簡単に説明しておく必要があります。本実験に先立って大学生を対象に甘味や風味などの属性についてそれぞれどのくらい強く感じられるかをたずねた予備調査では、ペプシ・コーラはコカ・コーラよりも甘くてコーラ風味が強く感じられることがわかっています。成分解析もおこないましたが、Brixやクエン酸の濃度（それぞれ甘味と酸味の指標になります）からもペプシ・コーラが甘く感じられることを示す数値が得られています。誤解を恐れずに言えば、ペプシ・コーラのほうが特徴のはっきりした分かりやすい味であるといえるでしょう。

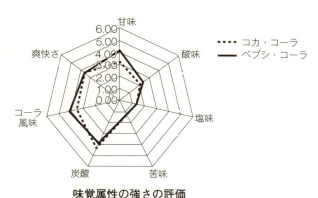

味覚属性の強さの評価

「ペプシ・パラドクス実験」もう一度

　ブラインドテストでペプシ・コーラがコカ・コーラより好まれやすいのは、慎重に分析して飲むことと関係しているのか、また、そうだ

とすれば，それを方向づける要因はなにかを明らかにすることを，私たちの実験では目指しました。

実験では実験参加者に好みの理由を慎重に分析してもらいながらペプシ・コーラとコカ・コーラをテイスティングしてもらいました。ブラインドテストでしばしばペプシ・コーラがコカ・コーラより美味しいと判断されるのが，慎重にサンプルを評価することと関係しているとすれば，慎重なテイスティングでは，ペプシ・コーラに有利に働く特徴や，コカ・コーラに不利に働く特徴に，参加者の注意が向きやすくなっていることが考えられます。

実験参加者は3つのグループに分かれてペプシ・コーラとコカ・コーラをブラインド・テイスティングしました。1つ目のグループは，特別な指示を受けることなく，ペプシ・コーラとコカ・コーラを飲み比べました（統制条件）。2つ目のグループはどんなところを好きだと感じるのか，その理由を書き出しながら飲み比べました（好きな理由条件）。3つ目のグループはどんなところが嫌いだと感じるのか，その理由を書き出しながら飲み比べました（嫌いな理由条件）。先の絵の好き嫌いの理由を述べる実験と同じ構成ですね。

その結果，理由を分析しながらテイスティングした参加者は，分析せずにテイスティングした参加者とはコーラを好む傾向が異なるよう

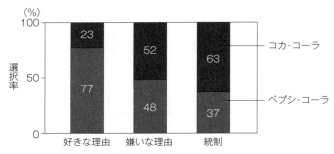

好きなコーラとして選択された割合（文献［72］より作成）

になることが確認されました。すなわち，統制群の参加者はペプシ・コーラよりコカ・コーラを好む傾向にありましたが，好きな理由を分析した参加者はペプシ・コーラへの選好を強めた一方で，嫌いな理由を分析した参加者では両コーラに示す好みに違いがなくなったのです。

さらに，理由を分析した2つのグループにはペプシ・コーラとコカ・コーラについて求められた理由をどのくらい挙げやすかったについてもたずねたところ，好きな理由を分析したときには，ペプシ・コーラがコカ・コーラより理由を挙げやすかったという評定が得られました。それに対して，嫌いな理由を分析したときには，ペプシ・コーラもコカ・コーラも同じくらい理由を挙げるのが難しかったという評定が得られました。

理由を分析することによってコーラの好みが変化したのは，理由の記述しやすさが2つのコーラで異なっていたからだと考えられます。ペプシ・コーラのほうが好きな理由を挙げるのが容易だというのは，ペプシ・コーラにはコカ・コーラより好きな理由として指摘しやすい特徴が含まれていたことを意味します。予備調査と成分解析において，コカ・コーラよりペプシ・コーラが甘さと風味を強く感じさせる飲料だったことを考えれば，これらの特徴が好きな理由を記述するのに役立ったのだといえるでしょう。好きな理由を挙げる容易さとコーラへの好みの関連も調べたところ，それらの相関も高く，案出された好きな理由が選好判断の拠り所となっていることも確かめられました。このように，好きな理由を案出できるかどうかという点で，ペプシ・コーラの方がコカ・コーラよりも容易だったことが，好きな理由条件の参加者がペプシ・コーラへの選好を強めることにつながったのだと考えられます。

一方で，嫌いな理由を記述したグループで2つのコーラへの選好に違いが見られなくなったのは，どちらのコーラについても嫌いな理由となる特徴を見つけ出すことが難しかったことと関係していると考えられます。苦みなどが通常，飲料の美味しさを損ねる特徴となりやす

いですが，ペプシ・コーラとコカ・コーラにはそうしたネガティブな特徴に関する違いはなく，どちらのコーラについても嫌いな理由を挙げることが難しかったといえます。嫌いな理由がどちらのコーラについても挙げにくかったことが，2つのコーラに対してどっちつかずの選好が示されることにつながったと考えられます。

「ペプシ・パラドクス実験」のまとめ

　ペプシ・パラドクス実験から，ペプシ・コーラとコカ・コーラを味わう場合に慎重かどうかで，美味しいと思うコーラが変わることが確認されました。YouTubeにたくさんの動画があがっていますが，ペプシ・コーラとコカ・コーラのブラインドテストをおこなっているプロモーショナルなイベントでは参加者は大変楽しそうにテイスティングをおこなっています。こうしたテスト状況は，本研究でいうところの好きな理由条件のテストと似ているように考えられます。「不味いのはどっちだ」というより「美味しいのはどっちだ」という方向づけでテストしているので，どちらが美味しいかを分析することに重心を置いて飲み比べをしていると推測されます。そうだとすると，このテスト状況は，ペプシ・コーラに有利に働いていると考えることができますね。

　商品情報があるときは世界的に圧倒的なシェアを誇るコカ・コーラ社のブランド力がコカ・コーラが有利になるバイアスを与えますが，商品情報がなく慎重に美味しい理由を考える状況ではペプシ・コーラが味の特徴という点から有利になるバイアスを与えます。この2つのバイアスが，オープンテストではコカ・コーラが勝つ一方で，ブラインドテストではペプシ・コーラが勝つというペプシ・パラドクスの要因になると私たちは結論づけました。

　ワインの世界でも，ブラインドテストでは甘味や果実味が強いワインがしばしば好まれます。甘味や果実味はワインの素人にとっても分

かりやすく知覚しやすい味です。ワインの情報がほとんど得られないテスト状況においては,そうした分かりやすく目立ちやすい特徴に感覚がひきつけられやすくなると推測されます。その結果,そうした分かりやすい特徴を持つワインの評価が高まりやすくなるのです。それに対して,味覚的に繊細な特徴を持つワインはどうでしょうか。産地やヴィンテージなどの情報を手がかりとすることで他のワインとは違うその繊細な違いが楽しみやすくなるワインがあるのです。こうした情報がないテスト状況ではそうした味が見過ごされやすくなるのではないでしょうか。そうだとすれば,芸能人格付けチェックのワインテストは,そうした繊細なワインが不利な状況で出演者が評価をしていた可能性を疑うことができます。ワインテストで失敗する芸能人をかばうわけではありませんが,テスト方法と評価の関係を考えながら番組を観るのも面白いのではないでしょうか。

まとめ
──「もっともらしい理由」を作って決める判断とは

絵画実験とペプシ・パラドクス実験から,好き嫌いの理由を分析する過程を経ると,分析者の選好が変化することが確認されました。絵画実験では,好きな理由を分析した参加者は具象画を好む傾向を強め,嫌いな理由を分析した参加者は具象画を嫌う傾向を強めました。ペプシ・パラドクス実験では,好きな理由を分析した参加者はペプシ・コーラを好む傾向を強め,嫌いな理由を分析した参加者は2つのコーラに対して同程度の選好を示すようになりました。

こうした選好の変化が生じたのは,理由を分析したことで,2つの選択肢で利用できる好き嫌いの理由に違いが作り出されたためだと考えられます。選好を判断するとき,好きな理由の利用可能性が高ければ,その選択肢を選好する後押しになり,嫌いな理由の利用可能性が高ければその逆となるのです。

分析者は，選択肢に含まれる特徴のうち，言葉で表現することが容易であったり，知覚的に目立つ一部の特徴に注目して，それらを理由を作る材料に用いているようでした。

　もちろん，自分の感情や思考への理解を深めるとき語彙や知識が役立つことはあります。語彙が足りていないことや，言葉にしやすい特徴が対象に含まれていないことなどが，自分の思考と感情を記述する上で足かせとなることも大いにあります。こうした観点からは，好みを分析する対象に，言葉で表現しやすい特徴が多く含まれていれば，人びとは，完全にとは言えないまでも，自らの心を表現・分析する能力を改善できることを期待することさえできます。

　しかしながら，2つの研究からは，選択肢に含まれる知覚的に目立ち言葉で表現しやすい特徴は，そうした改善に役立ったというより，もっともらしい理由を手っ取り早く作り出す材料として利用されたようでした。

　絵画実験では，好きな理由を分析したときも，嫌いな理由を分析したときも，具象画のほうが抽象画よりも理由が容易に書き出されました。絵画の「エレ近郊の森」と「ニューヨーク・シティ」を使った実験を取りあげると，具象画の「エレ近郊の森」に描写された「夜」「森」「月」「湖面」などの具体的な視覚要素は好きな理由と嫌いな理由のどちらを記述する上でも大いに利用されました。こうした具象性の高い要素は，鑑賞者が持っている知識と照合させたとき，どんな鑑賞経験が得られるのか想像がしやすかったといえます。これらの要素をいくつか組み合わせて，「夜空に月が浮かぶ姿に心が安らぎそうだ」と言うこともできますし，「夜の湖畔はもの寂しく感じられるのではないか」と言うこともできます。具象的な視覚要素は，そこからどんな感覚や印象が得られるかのストーリーを作りやすいのです。

　絵画作品の印象を分析するように求められたとき，人はもともと自分が持っている知識や何らかの仮説に基づきつつ，その作品の中に描写されたモチーフや色や筆致からどのような鑑賞経験がもたらされる

ことになるのか推測することになります。作品に含まれる「森」や「月」など言葉で具体的に表現することができる特徴は,「黄色の直線」や「灰色の面」など抽象的な特徴よりも,自身の鑑賞経験を連想・想像する手がかりとして使用しやすかったといえます。

　そして,このように言葉にしやすい特徴が利用しやすいほど,分析者にとって理由を作り上げることが容易になるのです。このときに適用される知識や仮説が誤っていれば,そこで作り上げられる理由は,その後の判断や決定を混乱させる温床となります。2つの研究から得られた知見は,選択肢に含まれる,言葉で表現しやすい特徴は,分析者が何かしらの理由を書き出す材料として使用され,正確ではないかもしれない理由を生成する後押しをする役割を担うことになることを示しているといえるのです。

あとがき

　中学生のころのことです。山田少年は誕生日にＣＤコンポをプレゼントしてもらいました。初めての自分用のコンポです。音楽ＣＤは1枚も持っていません。初めての1枚を買いに，近所のＣＤショップに出かけました。

　しかし，このとき山田少年は，特別に聴きたい曲があったわけではありません。それどころか，ほとんど何の知識も持ち合わせていませんでした。店内を歩き回り，ランキング情報や，ＣＤのジャケットと帯，ショップ店員が書いた一言カードなどを隈なくチェックし，数時間かけて1枚のＣＤを買うことを決意します。曲名もアーティスト名も聞いたことがありませんでした。試聴もできませんでした。しかし，「これだ！」と直観したのです。

　家に戻って，さっそくＣＤをセットし，再生しました。このときの衝撃は忘れません。「大ハズレ」だったのです。まったく，良くない。地味で，陰鬱，聴きなれない音階が耳につくメロディに，山田少年は大いに困惑しました。

　なんでこんなことになってしまったんだろう？　この出来事からはたくさんの教訓を得ました。その教訓のなかには「自分がある選択肢をどれくらい楽しめるか予測することは難しい」といった，その後，私の研究テーマにつながるようなものも含まれます（7章をご覧ください）。このように，日常的な経験のなかに，自分の選択を見直すたくさんのヒントがあるわけです。

　さて，大失敗ともいえるこうした経験からは，教科書的には，「選択の失敗の原因を知ることで，同じ失敗を起こさないように気をつけ

ましょう」ということになりそうです。たとえば、選択の失敗を防ぎより良い選択を導く選択アーキテクチャを設計するといった対応策を考えることができそうです。しかし、話はそれほど簡単ではありません。

　この出来事には続きがあるのです。

　山田少年は、お金もなく、新しいＣＤを買う余裕もあまりありませんでした。せっかく大金で買ったＣＤを聴かないままにしておくのももったいないですし、他に聴くものがないということで、仕方なく、そのＣＤをたまに聴くことになったのです。聴くたびに、「ああ、なんでこんなＣＤを買ってしまったんだろう」と悔しい気持ちになりました。

　そうこうしているうちに、山田少年の心に面白い変化がおとずれました。ある日、そのＣＤのなかの１曲を「意外といいな」と思うようになったのです。

　さらに３年くらい経ったころでしょうか、そのＣＤはすっかりお気に入りの１枚になってしまったのです。なぜ好きになったのか、それは今も良くわかりません。素人発言で申し訳ありませんが「良さに気づいた」としか言いようがないと思います。

　大失敗の買い物だと思っていたＣＤが、宝物になったのです。

　良い選択とはなんでしょう。失敗だと思っていた選択が自分を最高に楽しませたり幸せにしたりするようになることがあることをこの音楽ＣＤの経験は教えてくれます。さらに、この出来事とは逆に、最高傑作だと楽しんでいた音楽がその魅力を失うといったこともあるでしょう。

　「選択の背景にあるメカニズムを理解して、自分にとって望ましい選択をどこまでも追求しましょう」と考えるのは堅苦しく感じます。そんなふうにガチガチに選択と向き合うのは息苦しいことでしょう。身の回りには、単純に楽しめる選択の癖がたくさん潜んでいるはずです。まずは、そんな癖を純粋に楽しむのが良いのではないかと思いま

す。『選択と誘導の認知科学』をキッカケに，ゆるく自分の選択を見つめ直すのがオススメです。

　本書の執筆にあたって，「認知科学のススメ」シリーズの企画者でもある東京大学の植田一博先生には，全体にわたって貴重なコメントをくださるなど，多大なご尽力をいただきました。また本書は，幅広い読者がお楽しみいただけるよう，サイエンスライターの内村直之先生に構成や表現を確認いただきました。新曜社の高橋直樹様には，本文中の図表やイラスト，カバー表紙まで，たくさんの要望に快く応えていただきました。そして，本書は大学での講義をもとにしています。受講生たちの声は本書を構成する上で大きな力になりました。この場をかりて皆様に感謝の意を表させていただきます。

　　2018 年 11 月

山田　歩

文献一覧

さらに理解を深めたい読者のために，本書中で引用した文献および紹介した文献を以下にまとめました．

[1] 東浩紀・大澤真幸（2003）.『自由を考える——9・11 以降の現代思想』NHK ブックス.

[2] 日立製作所「立ち座り動作による高齢者などの身体的負担を軽減する通勤電車向けシートを開発」http://www.hitachi.co.jp/New/cnews/month/2014/10/1023b.html 2018 年 11 月 23 日アクセス.

[3] 五十嵐太郎（2004）.『過防備都市』中央公論新社.

[4] 横浜市ホームページ http://www.city.yokohama.lg.jp/kohoku/doboku/aigokai/27nendo/hanaue.pdf 2018 年 11 月 23 日アクセス.

[5] Brehm, J. W. (1966). *Theory of psychological reactance*. Academic Press.

[6] Gilbert, T. D., & Malone, P. S. (1995). The correspondence bias. *Psychological Bulletin, 117,* 21–38.

[7] Johnson, E. J., Bellman, S., & Lohse, G. L. (2002). Defaults, framing and privacy: Why opting in-opting out. *Marketing Letters, 13,* 5–15.

[8] Chapman, G. B., Li, M., Colby, H., & Yoon, H. (2010). Opting in vs opting out of influenza vaccination. *JAMA, 304,* 43–44.

[9] OECD (2015). *Health at a Glance 2015: OECD indicators.* OECD http://apps.who.int/medicinedocs/documents/s22177en/s22177en.pdf 2018 年 11 月 23 日アクセス

[10] 内閣府（2009）.「がん対策に関する世論調査」http://survey.gov-online.go.jp/h21/h21-gantaisaku/2-2.html 2018 年 11 月 23 日アクセス.

[11] Johnson, E. J., Hershey, J., Meszaros, J., & Kunreuther, H. (1993). Framing, probability distortions, and insurance decisions. *Journal of Risk and Uncertainty, 7,* 35–51.

[12] Pichert, D. & Katsikopoulos, K. V. (2008). Green defaults: Information presentation and pro-environmental behaviour. *Journal of Environmental*

Psychology, 28, 63–73.
- [13] 経済産業省（2017）.「電力小売全面自由化の進捗状況」http://www.meti.go.jp/committee/sougouenergy/denryoku_gas/denryoku_gas_kihon/pdf/004_03_00.pdf 2018年11月23日アクセス.
- [14] 日本臓器移植ネットワーク「臓器提供について」https://www.jotnw.or.jp/donation/donorcard.html　2018年11月23日アクセス.
- [15] Johnson, E. J., & Goldstein, D. (2003). Do defaults save lives? *Science, 302*, 1338–1339.
- [16] Cronqvist, H. & Thaler, R. H. (2004). Design choices in privatized social-security systems: Learning from the Swedish experience. *American Economic Review, 94*, 424–428.
- [17] Thaler, R. H., & Sunstein, C. R. (2008). *Nudge: Improving decisions about health, wealth, and happiness.* New Haven: Yale University Press.（リチャード・セイラー，キャス・サンスティーン（著），遠藤真美（訳）(2009).『実践行動経済学——健康, 富, 幸福への聡明な選択』日経BP社.）
- [18] Cabinet Office Behavioural Insights Team (2012). *Appylying behavioural insights to reduce fraud, error and debt.* Cabinet Office Behavioural Insights Team. http://38r8om2xjhhl25mw24492dir.wpengine.netdna-cdn.com/wp-content/uploads/2015/07/BIT_FraudErrorDebt_accessible.pdf 2018年11月23日アクセス.
- [19] OECD (2017). *Behavioural Insights and Public Policy: Lessons from Around the World.* OECD.（経済協力開発機構（編著），齋藤長行（監訳）(2018).『世界の行動インサイト——公共ナッジが導く政策実践』明石書店.）
- [20] Gallup. (2016). Obama weekly job approval by demographic groups. http://www.gallup.com/poll/121199/Obama-Weekly-Job-Approval-Demographic-Groups.aspx 2018年11月23日アクセス.
- [21] Fischhoff, B., Slovic, P., & Lichtenstein, S. (1978). Fault trees: Sensitivity of estimated failure probabilities to problem representation. *Journal of Experimental Psychology: Human Perception and Performance, 4*, 330–344.
- [22] Martin, J. M., & Norton, M. I. (2009). Shaping online consumer choice by partitioning the web. *Psychology & Marketing, 26*, 908–926.

[23] Fox, C. R., Ratner, R. K., & Lieb, D. S. (2005). How subjective grouping of options influences choice and allocation: Diversification bias and the phenomenon of partition dependence. *Journal of Experimental Psychology: General, 134,* 538–551.
[24] 防衛省 (2013).『防衛白書』防衛省.
[25] Yamada, A. & Kim, J-Y. (2016). Option-splitting effects in poll regarding Japan's right to exercise collective self-defense. *Social Science Japan Journal, 19,* 59–69.
[26] 読売新聞調査「憲法 世論調査 議論活発化 7割望む 集団自衛権「容認」49%」『読売新聞』2014年3月15日13面
[27] 朝日新聞調査「質問と回答 憲法・日中韓3カ国世論調査」『朝日新聞』2014年4月7日11面
[28]「自民, 公明説得 追い風：集団的自衛権」『読売新聞』2014年5月12日2面
[29] Simonson, I. (1989). Choice based on reasons: The case of attraction and compromise effects. *Journal of Consumer Research, 16,* 158–174.
[30]「集団的自衛権をめぐる憲法解釈」『朝日新聞』2014年4月22日3面
[31] Langer, E., & Rodin, J. (1976). The effects of choice and enhanced personal responsibility for the aged: A field experiment in an institutional setting. *Journal of Personality and Social Psychology, 34,* 191–198.
[32] Botti S., & McGill A. L. (2006). When choosing is not deciding: The effect of perceived responsibility on satisfaction. *Journal of Consumer Research, 33,* 211–219.
[33] Cioffi, D., & Garner, R. (1996). On doing the decision: Effects of active versus passive choice on commitment and self-perception. *Personality and Social Psychology Bulletin, 22,* 133–147.
[34] Fazio, R. H., Sherman, S. J., & Herr, P. M. (1982). The feature-positive effect in the self-perception process: Does not doing matter as much as doing? *Journal of Personality and Social Psychology, 42,* 404–411.
[35] 小松美彦・市野川容考・田中智彦 (編著) (2010).『いのちの選択――今、考えたい脳死・臓器移植』岩波書店.
[36] Davidai, S., Gilovich, T., & Ross, L. D. (2012). The meaning of default

options for potential organ donors. *Proceedings of the National Academy of Sciences of the United States of America, 109,* 15201–15205.

[37] Gneezy, U., & List, J. A. (2013). *The why axis: Hidden motives and the undiscovered economics of everyday life.* New York: PublicAffiars. (ウリ・ニーズィー, ジョン・A・リスト (著), 望月衛 (訳) (2014).『その問題, 経済学で解決できます。』東洋経済新報社.)

[38] Mackay, D., & Robinson, A. (2016). The ethics of organ donor registration policies: Nudges and respect for autonomy. *The American Journal of Bioethics, 16,* 3–12

[39] Hagman, W., Andersson, D., Västfjäll, D., & Tinghög, G. (2015). Public views on policies involving nudges. *Review of Philosophy and Psychology, 6,* 439–453.

[40] Felsen, G., Castelo, N., & Reiner, P. B. (2013). Decisional enhancement and autonomy: Public attitudes towards overt and covert nudges. *Judgment and Decision Making, 8,* 202–213.

[41] Brown, C. L., & Krishna, A. (2004). The skeptical shopper: A metacognitive account for the effects of default options on choice. *Journal of Consumer Research, 31,* 529–539.

[42] 山田歩 (2007).「同一物選択課題における位置効果への気づきと選択理由」日本心理学会第 70 回大会.

[43] Christenfeld, N. (1995). Choices from identical options. *Psychological Science, 6,* 50–55.

[44] Wilson, T. D., & Nisbett, R. E. (1978). The accuracy of verbal reports about the effects of stimuli on evaluations and behavior. *Social Psychology, 41,* 118–131.

[45] Nisbett, R. E., & Wilson, T. D. (1977). Telling more than we can know: Verbal reports on mental processes. *Psychological Review, 84,* 231–259.

[46] Wilson, T. D. (2002). *Strangers to ourselves: Discovering the adaptive unconscious.* Cambridge: Harvard University Press. (ウィルソン, T. D (著), 村田光二 (監訳) (2005).『自分を知り, 自分を変える——適応的無意識の心理学』新曜社.)

[47] Wilson, T. D., & Schooler, J. W. (1991). Thinking too much: Introspection can reduce the quality of preferences and decisions. *Journal of*

Personality and Social Psychology, 60, 181-192.
- [48] Wilson, T. D., Hodges, S. D., & LaFleur, S. J. (1995). Effects of introspecting about reasons: Inferring attitudes from accessible thoughts. *Journal of Personality and Social Psychology, 69*, 16-28.
- [49] Wilson, T. D., Lisle, D., Schooler, J. W., Hodges, S. D., Klaaren, K. J., & LaFleur, S. J. (1993). Introspecting about reasons can reduce post-choice satisfaction. *Personality and Social Psychology Bulletin, 19*, 331-339.
- [50] Olson, M. A., & Fazio, R. H. (2001). Implicit attitude formation through classical conditioning. *Psychological Science, 12*, 413-417.
- [51] Zajonc, R. B. (1968). Attitudinal effects of mere exposure. *Journal of Personality and Social Psychology, 9*, 1-27.
- [52] Kunst-Wilson, W. R., & Zajonc, R. B. (1980). Affective discrimination of stimuli that cannot be recognized. *Science, 207*, 557-558.
- [53] Moreland, R. L., & Zajonc, R. B. (1977). Is stimulus recognition a necessary condition for the occurrence of exposure effects? *Journal of Personality and Social Psychology, 35*, 191-199.
- [54] Strahan, E. J., Spencer, S. J., & Zanna, M. P. (2002). Subliminal priming and persuasion: Striking while the iron is hot. *Journal of Experimental Social Psychology, 38*, 556-568.
- [55] Wilson, T. D., & Brekke, N. (1994). Mental contamination and mental correction: Unwanted influences on judgments and evaluations. *Psychological Bulletin, 116*, 117-142.
- [56] Bornstein, R. F., & D'Agostino, P. R. (1994). The attribution and discounting of perceptual fluency: Preliminary tests of a perceptual fluency/attributional model of the mere exposure effect. *Social Cognition, 12*, 103-128.
- [57] Bornstein, R. F. (1989). Exposure and affect: Overview and meta-analysis of research, 1968-1987. *Psychological Bulletin, 106*, 265-289.
- [58] Wilson, T. D., Gilbert, D., & Wheatley, T. (1998). Protecting our minds: The role of lay beliefs. In V. Yzerbyt, G. Lories & B. Dardenne (Eds.), *Metacognition: Cognitive and social dimensions* (pp. 171-201). Thousand Oaks, CA: Sage Publications, Inc.
- [59] 山田歩・外山みどり (2010).「もっともらしい理由による選択の促進」『心

理学研究』, *81*, 492–500.
- [60] 国連ウィメン日本協会 http://www.unwomen-nc.jp/un-women 2018 年 11 月 23 日アクセス.
- [61] UN Women (2013). UN Women ad series reveals widespread sexism. http://www.unwomen.org/en/news/stories/2013/10/women-should-ads 2018 年 11 月 23 日アクセス.
- [62] 内閣府「昭和 54 年度婦人に関する世論調査」https://survey.gov-online.go.jp/s54/S54-05-54-02.html 2018 年 11 月 23 日アクセス.
- [63] 内閣府「平成 26 年度女性の活躍推進に関する世論調査」http://survey.gov-online.go.jp/h26/h26-joseikatsuyaku/index.html 2018 年 11 月 23 日アクセス.
- [64] 池上知子 (1999).「潜在認知とステレオタイプ」梅本堯夫 (監修)・川口潤 (編集)『現代の認知研究――21 世紀に向けて』(pp. 130–145) 培風館.
- [65] Devine, P. G. (1989). Stereotypes and prejudice: Their automatic and controlled components. *Journal of Personality and Social Psychology, 56*, 5–18.
- [66] Norton, M., Vandello, J. A., & Darley, J. M. (2004). Casuistry and social category bias. *Journal of Personality and Social Psychology, 87*, 817–831.
- [67] Uhlmann, E. L., & Cohen, G. L. (2005). Constructed criteria: Redefining merit to justify discrimination. *Psychological Science, 16*, 474–480.
- [68] Benke, B. (2016). *Georgia O'Keeffe: Flowers in the Desert.* Taschen America Llc.
- [69] Fondation Beyeler (2001). *Mark Rothko.* Hatje Cantz Pub.
- [70] Yamada, A. (2009). Appreciating art verbally: Verbalization can make a work of art be both undeservedly loved and unjustly maligned. *Journal of Experimental Social Psychology, 45*, 1140–1143.
- [71] Deicher, S. (2015). *Mondrian: 1872-1944: Structures in Space.* Taschen America Llc.
- [72] Yamada, A., Fukuda, H., Samejima, K., Kiyokawa, S., Ueda, K., Noba, S., & Wanikawa, A. (2014). The effect of an analytical appreciation of colas on consumer beverage choice. *Food Quality and Preference, 34*, 1–4.

索 引

◆ あ 行
東浩紀　4
ウィルソン, T. D.　116
植田一博　155
ウルマン, E. L.　140, 141, 143
大澤真幸　4
オプトアウト　23-26, 31, 32, 37, 86-88, 90-95
オプトイン　23-26, 29, 31, 37, 85-88, 90-94
オルソン, M. A.　110

◆ か 行
ガーナー, R.　82
限定合理性　35
行動インサイト　39
行動経済学　16, 35, 37, 39, 40
行動経済学者　35, 89

◆ さ 行
ザイアンス, R. B.　112
サイオッフィ, D.　82
サイモン, H. A.　35
サブリミナル効果　113-115
サンスティーン, C. R.　35-37, 90
ジェンダー・ステレオタイプ　133, 134, 136
自動システム　40-42, 46
社会心理学　13, 18
社会心理学者　78, 82, 83, 86, 110, 112, 114-116, 134
熟慮システム　40, 41
条件づけ　109-111, 116, 117

消費者行動　78, 124
心的汚染　116-118
心的修正　116, 117
心理的リアクタンス　13
ステレオタイプ　126, 133-136, 139-144
ストラハン, E. J.　115
性別役割分担意識　130-134
セイラー, R. H.　35-37, 90
選択アーキテクチャ　35-41, 47, 48, 50, 51, 65, 74-77, 79, 84, 88, 90, 91, 94, 96-98

◆ た 行
対応バイアス　18
ダヴィダイ, S.　86, 89
妥協効果　71
単純接触効果　112-114, 116-120
ディヴァイン, P. G.　134, 135
デフォルト　20-36, 40-42, 46, 47, 76, 79, 84-91, 93, 94, 96, 97, 116-118

◆ な 行
ナッジ　35, 37
認知科学　35, 39
認知心理学　35, 40, 51

◆ は 行
バイアス　116-118, 141, 158, 162
ファジオ, R. H.　110
ペプシ・パラドクス　157-159, 162, 163
ボッティ, S.　78

◆ ま 行

マーケティング　42, 54, 156, 157
マーケティング・コミュニケーション　42
マーケティングリサーチ　156
マギル, A. L.　78
マッケイ, D.　91, 92

モアランド, R. L.　113

◆ ら 行

ランガー, E.　78
倫理学者　91
ロビンソン, A.　91

著者紹介

山田　歩（やまだ・あゆみ）

滋賀県立大学人間文化学部生活デザイン学科准教授

2000年早稲田大学教育学部卒業，02年大阪大学大学院人間科学研究科博士前期課程修了．04年学習院大学大学院人文科学研究科博士後期課程退学，04年学習院大学文学部助手，12年東京大学大学院情報学環特任助教，13年博士（心理学）取得，13年帝塚山大学経営学部講師，14年滋賀県立大学人間文化学部助教，講師を経て，20年より現職．専門は実験社会心理学，行動経済学，行動デザイン，コミュニケーションデザイン．「人を動かす」をテーマに，選択行動の認知メカニズムを解き明かす実証研究から，実際に生活者に働きかけて動かすコミュニケーションデザインまで取り組んでいます．主な著書に，『消費者心理学』（勁草書房，2018年，分担執筆），『心理学が描くリスクの世界——第3版』（慶應義塾大学出版会，2018年，分担執筆）など．平成23年度日本心理学会優秀論文賞，行動経済学会第8回大会奨励賞，第31回全日本DM大賞金賞グランプリ，2022年度行動経済学会ベストナッジ賞などを受賞．

ファシリテータ紹介

内村直之（うちむら・なおゆき）

科学ジャーナリスト

1952年東京都生まれ．81年東京大学大学院理学系研究科物理学専攻博士課程満期退学。物性理論（半導体二次元電子系の理論）専攻．同年，朝日新聞入社．同社福井，浦和支局を経て，東京・大阪科学部，西部本社社会部，『科学朝日』，『朝日パソコン』，『メディカル朝日』などで科学記者，編集者として勤務した後，2012年4月からフリーランスの科学ジャーナリスト。　基礎科学全般，特に進化生物学，人類進化，分子生物学，素粒子物理，物性物理，数学，認知科学などの最先端と研究発展の歴史に興味を持ちます。著書に『われら以外の人類』（朝日選書，2005年）『古都がはぐくむ現代数学』（日本評論社，2013年）など．新聞記事，雑誌記事など多数．12年から17年まで慶応義塾大学で「ライティング技法ワークショップ」，13年から2022年まで法政大学情報科学部で「社会と科学」などの講義を担当．北海道大学CoSTEPでも2014年から2020年まで客員教授としてライティングなどを指導，21年から同フェロー．

アドバイザ紹介

植田一博（うえだ・かずひろ）
東京大学大学院総合文化研究科教授

当初経済学部に入学しますが，その後理系に転じ，1988 年東京大学教養学部基礎科学科第二卒。93 年東京大学大学院総合文化研究科博士課程修了，博士（学術）取得。東京大学大学院総合文化研究科助手，助教授，准教授を経て 2010 年情報学環教授，2015 年総合文化研究科教授。創造性研究，熟達化研究，日本伝統芸能の技の分析，意思決定科学，アニマシー知覚研究などに従事しています。高次認知を中心とした人間の認知活動の解明と，その工学的，社会的な応用を目指しています。現在の主要な研究領域は認知科学，行動経済学ですが，人間とそれを取り巻く環境，社会，人工物との関係性を調べる研究（例えば，社会ネットワークが人の創造性に与える影響を調べる研究や，人と人工物のインターラクションに関する研究など）も研究対象に入っています。今後は特に，芸術がもつ意味や芸術家の創作プロセスを認知科学，認知脳科学の観点から解明したいと考えています。

『認知科学のススメ』シリーズ　10
選択と誘導の認知科学

初版第 1 刷発行	2019 年 4 月 8 日
初版第 6 刷発行	2023 年 1 月 18 日

監　修	日本認知科学会
著　者	山田　歩
ファシリテータ	内村直之
アドバイザ	植田一博
発行者	塩浦　暲
発行所	株式会社　新曜社
	101-0051　東京都千代田区神田神保町 3-9
	電話　(03)3264-4973(代)・FAX　(03)3239-2958
	e-mail：info@shin-yo-sha.co.jp
	ＵＲＬ：http://www.shin-yo-sha.co.jp/
印　刷	星野精版印刷
製　本	積信堂

© YAMADA Ayumi, UCHIMURA Naoyuki
UEDA Kazuhiro, 2019 Printed in Japan
ISBN978-4-7885-1618-2　C1011

―― 新曜社の本 ――

誰のためのデザイン? 増補・改訂版
認知科学者のデザイン原論
D・A・ノーマン 著
岡本明・安村通晃・伊賀聡一郎・野島久雄 訳
四六判520頁 本体3300円

支配的動物
ヒトの進化と環境
P・エーリック&A・エーリック 著
鈴木光太郎 訳
A5判416頁 本体4200円

ディープラーニング、ビッグデータ、機械学習
あるいはその心理学
浅川伸一 著
A5判184頁 本体2400円

社会脳ネットワーク入門
社会脳と認知脳ネットワークの協調と競合
苧阪直行・越野英哉 著
A5判216頁 本体2400円

改訂新版 ロボットは東大に入れるか
あるいはその心理学
新井紀子 著
四六判272頁 本体1500円

知能と人間の進歩
遺伝子に秘められた人類の可能性
ジェームズ・フリン 著
無藤隆・白川佳子・森敏昭 訳
A5判160頁 本体2100円

ヒト、この奇妙な動物
言語、芸術、社会の起源
ジャン=フランソワ・ドルティエ 著
鈴木光太郎 訳
四六判424頁 本体4300円

洞察の起源
動物からヒトへ、状況を理解し他者を読む心の進化
リチャード・W・バーン 著
小山高正・田淵朋香・小山久美子 訳
四六判344頁 本体3600円

＊表示価格は消費税を含みません。